日本史籍協會編

萬里小路日記

東京大學出版會發行

萬里小路日記

緒言

萬里小路日記十二巻權大納言正房(ナホ)傳奏ヨリ議奏ニ至ル及ビ其子參議博房ノ日記ニシテ一巻ヨリ三巻迄ハ正房ノ參議右衞門督在任中ノ日記其他ハ博房ノ記スル所ナリ博房文久二年十二月九日國事御用係同三年八月朔日國事參政(同月十八日廢官)慶應三年十一月八日議奏加勢(同年十二月九日廢官)ノ要路ニ歷任ス本記一巻ヨリ六巻迄ハ弘化三年正月廿五日ヨリ嘉永元年十二月ニ至リ七巻ヨリ九巻ニ亙ツテ嘉永四年正月ヨリ同六年十二月ニ終ル而シテ十巻ハ文久三年ノ日記ト其雜錄トニシテ十一巻ハ元治元年

十二巻ハ慶應元年同三年ノ日錄撮要ナリ此記殘缺セル所アルノミナラズ朝政多事ノ際ハ記筆ノ暇ナク却ツテ簡ニ失セルノ傾アリ且坊間巷路ノ傳聞等ヲ記スコトナク稍々隔靴抓痒ノ感ナキニ非ラザレドモ亦以テ孝明天皇ノ勵精政ヲ見給ヒ學習院ヲ開イテ諸卿ノ正氣ヲ鼓舞シ給ヒシ狀歷々トシテ徵スルヲ得ベク特ニ文久以後ニ於ケル大樹及ビ大藩ノ參內等事漸ク多端ナルヲ窺ヒ知ルベキナリ若シ諸家ノ記錄ニ經傳ノ二樣アルモノトセバ搢紳家ノ日錄ハ多クハ經ニ屬スルモノ辭簡ト雖モ朝政ノ機徵ニ觸ルヽモノアリ此日記モ亦此類ナリ惜シムラクハ記事ニ感興ノ乏シキコトヲ

大正九年十二月

日本史籍協會

萬里小路日記目錄

第一

第二

第三上

第三下

第四

自巻五至巻六

目録

第七

第八

第九

第十

文久三年癸亥雜誌

第十一

一七社奉幣發見（マヽ）ノ件 四月廿四日　四五六
一畝火山々陵使發遣ノ件 五月八日　四五七
一三條出火ノ件 五月十三日　四五七
一諸川出水ノ件 五月廿九日　四五九
一長州家老具兵著伏ノ件 六月廿七日　四六一
一毛利家臣所々屯集ノ件 七月十八日　四六三
一長人闖入ノ件 七月十九日　同
一南方炎上益盛ノ件 七月廿日　同
一鎮火ノ件 七月廿一日　同
一新朔平門院御法會ノ件 十月十三日　四七二
一光格天皇御法會ノ件 十月十九日　四七七

第十二上

一仁孝天皇御正忌ノ件 二月六日　四八一

一春日祭ノ件 二月十七日 四八二
一改元ノ件 四月七日 四八三
一吉田祭御再興ノ件 四月廿四日 四八四
一大樹公上京ノ件 後五月廿三日 同
一神嘗祭御再興ノ件 九月十一日 四八五
一外船兵庫ヘ渡來申立ノ箇條ニ付朝議ノ件 十月六日 四八六
一新朔平門院御法會ノ件 十月十三日 四八九
一新嘗祭ノ件 十一月十八日 四九〇

第十二下

一踐祚ノ件 正月九日 四九一
一御入棺ノ件 正月十日 同
一差控御免ノ件 正月十四日 四九二
一御葬送供奉ノ件 正月廿七日 同

萬里小路日記

一、二

弘化三年歳次丙午従正月至二月中旬

雑記

甲

弘化三年正月廿五日辛巳晴

廿六日壬午晴風雪紛々未明小番御免廻文到來驚動不取合參　朝辰刻過承

条々　主上御容躰去廿二日より御風氣之處御持病御痰差發不易御容躰

候事

一就廻文主上御違例今朝〔明カ〕日中爲伺　御機嫌可有參上旨源宰相被申渡候事

尤未勤親族中へも可示傳同卿被示候事

一主上御不豫ニ付自今日日々爲窺御機嫌近習一統可有參上且非番之輩附

于御帳委御容躰者附于當番之頭可相伺候事

但當番之頭へハ日々自三卿衆可被示聞候事

一今日窺御機嫌參上之輩退出可見合候事

右両条加勢六角三位被申渡候事

正月廿六日　光親

一當番三人有之節ハ別段不及詰両人番ノ節ハ公卿殿上人之内爲追加一人

晝夜申合可參仕候事
但前番幷詰才三人之內當參仕迄一人申合被申渡候事
　　外山三位　左兵衛權佐
右被免東宮近習被加　內近習候事
　　刑部卿　左衛門佐
右被加東宮近習候事
　近習　五番　信好卿　保美朝臣
右之通參勤被　仰出候事
　　　　　　春宮權大夫
　議奏加勢被　免候事
右条々加勢六角三位被申渡候事
　正月廿六日　　在賢
未刻過非番詰申合出來一紙附于三卿各退出酉刻更ゝ參內非番詰也陪膳

内近習ニ相交御違例ニ付猶於内近習者御前詰有之都合三ヶ所小番御免
三四人近習公卿三人殿上人夫々於東追詰之義無之拂曉退出終夜御靜謐
也
廿七日癸未晴陰不定爲伺御機嫌參上午後刻附御帳當番々頭御容躰伺之處
昨日御同樣御靜謐之旨被申渡即刻退出
一　　　　　　　　　　　　　　　　六角三位
三卿加勢被免候旨宰相中將被申渡候仍申入候也
正月廿七日　　　　　　　　　　以長
廿八日甲申陰晴夜雨當番辰一点參　内各揃之上以表使御容躰相伺昨御同
樣之
御學問所有之御記書籍之類可納于御文庫左大辨宰相被示各目錄引合目下
外分ハ別紙ニ書置納于御文庫左大臣同伴総數往來帳ニ注置　終夜無事卯半刻退出
廿九日乙酉陰晴不定　御機嫌伺參上午半刻附于御帳御容躰當番々頭被示

昨御同樣御靜謐由也卽刻退出

三十日丙戌晴御機嫌伺參入附于御帳附于當番々頭御容躰伺之處昨御同樣之卽刻退出

夜半廻文到來

御用之義候間明一日二日兩日之内申合午半刻可令參集之旨八條三位被申渡候仍申入候也

正月十八日　　信好

二月小

一日丁亥晴寒風參朝午半刻御機嫌伺如昨日今日御用之義ハ御對面被爲在旨之未半刻於　御寢間御對面近習輩五人宛之同時終テ議奏御禮申入退出申半刻

二日戊子晴有風參朝巳刻御機嫌伺如昨日卯刻退出傳聞今晩内々御槽ニ被召近習東近輩御對面有之旨之

丑刻無滯被爲濟申也御槽重サ二百五拾貫目云々運送大儀内近習両人計内々自殿下御褒美有之云々

三日己丑晴夜雨當番辰刻參朝御容躰如昨終夜無事卯過退出

四日庚寅陰雨御機嫌伺參朝未刻御容躰如昨卽刻退出廣橋拾遺面會被示此度主上万一崩御ニて人々卷纓候トモ陽明門院　東宮近習之輩ハ可爲垂纓但主上御前へ候候節ハ尤可爲卷纓於當所ハ垂纓事是東宮坊ハ他御所之故乎　主上御不豫自然不被爲勝節諸臣　朝參可爲卷纓候得共於三卿近習坊中事故可爲垂纓尤本所參進ハ可爲垂纓其旨爲心得内々　殿下被命候条御肝煎卿被示候由源宰相被面陳候勿論申渡ニ而ハ無之候間内々御承知可給候仍申入候也

二月四日　　康親

五日辛卯晴參朝辰刻非番詰也御容躰如昨日終日無事退出酉刻

陽明廻覽卷纓之事

崩御之由露顯

上卿殿上人各卷纓於公卿尤向他所之時垂纓雖女院准后垂纓於殿上人雖他所卷纓

但春宮權大進胤保垂纓若參舊主御前卷纓春宮大進資宗依職事卷纓

六日壬辰晴

一主上御不豫ニ付　東宮可有受禪之處御大切乍御殘念踐祚御治定被　仰出候一紙別紙之通り於小御所關白右大臣內大臣兩役列坐　殿下被申渡候仍申入候也

二月五日　在賢

一主上御違例不被爲勝候旨宰相中將被申渡候仍申入候也

二月六日　信好

一主上今寅刻崩御之旨宰相中將被申渡候仍申入候也

二月六日　信好

一主上崩御ニ付爲窺御機嫌御所々々准后等今日中可有參上之旨宰相中將

被申渡候仍早々申入候也

二月六日　　信好

追今日當番之人ハ明日とても不苦候也

參朝 巳刻過 東宮御機嫌伺御帳卽刻退出女院准后等參入御機嫌御帳歸宅

傳聞昨夜斂璽渡御之義無之御三間へ被移近習當番之次將詰之由也

一御用之義候間明七日午半刻近習一統可有參集八條三位被申渡候仍申入候也

二月六日　　在賢

一大行天皇

追而御謚號茂可被爲在候得共夫迄之處別紙之通奉稱之旨八條三位被申渡候仍申入候也

二月六日　　在賢

一劔璽内々今日渡御于　東宮常御所被安置御三間上段之旨爲心得八条三位被申渡候仍申入候也

踐祚　傳奏右大將家厚奉行俊克朝臣

亮陰　傳奏源大納言基豐奉行愛長朝臣

御凶事傳奏高倉前大納言奉行顯彰

右今日被　仰出候由傳聞

七日癸巳晴明日御用之義被召候子細ハ拜礼被仰付候間各差貫著用可有之旨八条三位被申渡候仍申入候也

二月六日　在賢

河鰭侍從

參朝午半刻第一ニ屆暫而三卿ゟ拜礼之事被申渡無程於一御間拜礼此時卷纓高倉卿五人宛也終退御礼之義議奏衆へ申入退出

從今日御內儀日參被免候旨八条三位被申渡候仍申入候也

二月六日　在賢

八日甲午晴當番參仕辰一点終日無事

自殿下日々勤仕御苦勞被思召一統へ粽三十爲給之

天皇崩御ニ付爲窺　御機嫌　女院　東宮　准后　敏宮才へ一兩日中御菓子可令献上之旨源相公被申渡候事

右　井籠　片朧饅頭五十献上催合献上相濟之由被告略之

來十三日午刻踐祚御治定被仰出候參賀献物等總安永八年度之通可心得旨兩役列坐三條大納言被申渡候事

但安永八年度於近習も例無之右得ト一同へ被申渡候通被示候事

右廻文惣第一清二品ゟ番頭へ被告番頭大原三位ゟ申來

九日乙未晴殿下參入於般舟院三昧院

大行天皇御中陰御法會被仰出候屆之諸太夫青木治部少輔

十日丙申

一踐祚當日　禁中　女院等參賀也八条三位被申渡候尤　女院へハ不及献物之旨被示候仍申入候也

但准后之處爲念相尋候處不及參賀献物之旨同可被示候事

二月九日　康親

一　金五百疋

來十五日爲踐祚恐悦近習内近習等一統組合東宮へ献上可然旨ニ候仍申入候也一同御献上否致候早々御廻覽可進得候也

追催承繕候處池尻三位之旨候此段爲御心得申入候也

二月九日　在賢

從來十四日觸穢之事觸穢中雖輕服者假之内不及引籠出仕但於有地穢者引籠穢之限之後不及除服出仕　宣下押而出仕重服者於在官之人々觸穢終之後除服出仕復任　宣下可有之事

自議奏可內意之間其後職事へ披露可被賴押テ披露賴間敷事
但於散位人々者五旬日數終已後不及　宣下押テ出仕可有之且輕服
者觸穢之後假日數殘候者觸穢中出仕觸穢終ニ後引籠是亦從議奏內
意之後職事へ除服出仕披露可被賴候事
灸治　墓參　産穢　父母正忌等不憚之事
別紙之通源宰相被申渡候尤小番未勤之親族中ニも可申傳同人被示候仍
而申入候也
二月十日　信好
十一日丁酉晴參朝辰一点陪膳御無人ニ付加勢退出戌刻今夜御內棺之由也
內近習各參集
一觸穢中　內侍所參勤
右大將　日野中納言
姉小路中納言　新清三位

山井三位　式部大輔
富小路三位　竹屋三位
新菅三位　祭主三位
基貞朝臣　隆晃朝臣
良芳朝臣　員光朝臣
國房朝臣　公誠朝臣
資敬王　實在朝臣
基敬朝臣　晴雄
右之通以一帋宰相中將被申渡候事
二月十一日　在賢
一從明日以御三間被爲　東宮常御所未刻渡御于御三間候事
踐祚後昭陽舍代被爲中殿代候事
右条々宰相中將被申渡候事

二月十一日　在賢

十二日戊戌晴參朝辰前依陪膳御無人也午刻過劔璽詰之人々被免之間陪膳人數出來仍早出未刻傳聞今日現任之人々へ御謚號敕問之由也依御用之儀被召參朝戌半刻　東宮近習之輩各參集之上於議詰所新大納言被申渡自明十三日如舊　內近習可令參番承退東近小番箱等各掃除大行天皇御前詰一三五番二四六番隔日且從十四日辰刻可令出仕亦十四日午半刻近習一同御用召之趣指貫用著　相番々頭自新中納言被告退出子刻

十三日己刻晴催春色山眉始匂

今日　踐祚上卿左大臣辨資宗奉行愛長

踐祚傳奏右大將家厚傳以下坊官人々參仕公卿計但權大夫故障不參於昭陽舍有此儀次第書于別紙參賀　禁中　女院才也垂纓指貫

一　宰相中將

議奏加勢被　仰出候加勢中被　免近習小番候旨新宰相被申渡候仍申入

候也

二月十三日　忠能

右之通被示候仍申入候御廻覽可返給候也

同日　公純

一准后御方自今必可稱　准后不可稱　女御之事

右新宰相被申渡候仍申入候未勤親族中可申傳同卿被申示候也

二月十三日　忠能

右

同日　公純

陽明門院心得

一踐祚日自早朝垂纓入夜又卷纓

舊主御前參上之輩も卷纓

但警固々陣儀訖比ヨリ開闢解陣儀訖比迄六府之人々卷纓差懸具野劍

公卿者便等幷路頭垂纓於　禁中卷纓可具野劍但壹掛者可被任所存

一御入棺之日卷纓

淸涼殿へ被爲成從　淸涼殿參上之昨ゝ於蔦杉戶外卷纓

踐祚之日山頭使倚廬渡御右之節極薦麴塵袍可憚候事

後日

一踐祚礼畢之後垂纓之儘卷纓ニ不改　舊主御前參上之時計可爲卷纓之旨

更內府公被命之武官者先日被命候事仍申入候也

十四日庚子晴夜風雪凍寒

一壁書以先判之趣可書改之旨傳奏議奏列坐新宰相被申渡候尤此已後弥堅

可相守申候仍申入候也

二月十三日　基豐

右之通被示仍申入候御廻覽可返給候也

同日　公純

一　　　　　　　　　大典侍　勾當內侍

右可爲是迄之通旨新大納言被申渡候尤小番未勤之親族中へも可申傳旨
候仍申入候也

二月十二日　　　　　公睦

右之通

同日　　　　　公純

一明十五日ヨリ到御葬送日近習輩本所御燒香可有勝手參上之旨橋本中納
言被申渡候仍申入候也

二月十四日　　　　　正房

右之通

同日　　　　　公純

參朝（卷纓持參 卯半刻 垂纓）躬候于御前詰半時宛而交替（但卯半刻午刻申半刻等候之）午半刻依御用儀奴袴
著用今日　御入棺也酉刻被召御前近習一統供奉本所代中殿ニ渡御御道

左之通

一御間御座ヨリ四君子新廊下御學問所南ヨリ假廊下（今度渡御ニ付出來）小御所北廊下御拜道廊下藤壺二間ヲ經テ晝御座ニ而御椰有之奉納北上西面也　御棺重ク進退難義曲折留滯人々配慮出精殿下專御下知自戌刻到丑刻漸渡御各安意自殿下各大義々依出精無異ニ渡御御祝著ニ被思召之由御褒詞有之各退于番所御重組御菓子饂飩等拜領退出（丑半刻）

御諡号勘進寫

准大臣資愛公
式部大輔爲定卿
參議聽長卿
前權中納言資善卿
式部權大輔以長概

仁孝　允德　綏寧　明齊　履德

聽長上

仁孝

諡法曰慈惠愛親曰孝　禮記曰仁人不過乎物孝子不過乎物是故仁人之事親也如事天事如事親是孝子成其身

允德

謚法曰執義揚善曰德尙書曰修厥身允德協于下惟明后

綏寧

取綏靖安寧二字　晉書曰伊摯之保乂殷邦公旦之綏寧周室蔑以尙焉

明齊

謚法曰照臨四方曰明執心克莊曰齊尙書曰昔在文武聰明齊聖

履德

周易曰履德之基也謙德柄也

右聽長卿

德昭　孝簡　明容　欽德　宣元

以長上

德昭

謚法曰綏柔士民曰德聖問周達曰昭呂氏春秋曰德行昭美比於日月

孝簡
謚法曰慈惠愛親曰孝一德不懈曰簡
明容
謚法曰昭臨四方曰明孟子曰日月有明容光必照焉
欽德
謚法曰威儀悉備曰欽綏柔士民曰德
宣元
謚法曰聖善周問曰宣主義行德曰元
右以長卿
文孝　孝愛　明達　孝敎　文靖
爲定上
文孝
謚法曰慈惠愛民曰文慈惠愛親曰孝

周易曰觀乎天文以察時變親乎人文以化成天下

孝愛

諡法曰慈惠愛親曰孝

禮記曰以孝弟睦反子愛明父子之義長幼之序

明達

諡法曰照臨四方曰明

尙書曰明四方達四聰

孝敎

諡法曰慈惠愛親曰孝　合善典法曰孝禮記曰威莊而安孝慈而敎

文靖

諡法曰慈惠愛曰文　柔德安衆曰靖

右爲定卿

享明　孝明　宣昭　宣文　明德

資愛上

享明

書咸有一德云克享天心受天明命

恐ナカラ大行天皇執柄ニモ御德ヲ二三ニセラレス所謂咸有一德ニテ君臣水魚ノ交リ厚キ御美德ハ美事仰キ奉ヘキ事ト存上候

孝明

孝經感應章云子曰昔者明王事父孝故事

天明

恐ナカラ御孝德至テ御厚ク有セラレ仰キ奉ルヘキ事ト存上候

宣昭

詩大雅文王云宣昭義問有虞殷自天

恐ナカラ御平常万事ニ付宣昭義問ノハ美德有セラレ舜好問ニ自然ト當セラレ候与孝昭宣化ノ御號ノ字ニモ叶ヒ候半哉

宣文
詩周頌雝〻云宣哲維人文武維后
下文既右烈考トモ相見ヘ恐ナカラ先朝ヘ御謚號ヲ奉ラレ數百年ノ
闕典ヲ再ヒ興サセラレ候儀仰キ奉ルヘキ事ト存上候
明德
詩魯頌泮水云克明其德既作泮宮
學習所既ニ御造建ノ　仰出サレ有之恐ナカラ後代万世マテノ御功
德御美事仰キ奉ルヘキ事ト存上候
　右賁愛公
孝敬　孝誠　孝仁　賁善上
孝敬
呼效功吳音キヤウ居慶功
孝說文善事父母也

孝禮中庸曰夫孝者維人之志善述人之事者也

敬字彙恭也肅也謹也

周語曰敬文之恭也　謚法曰合善典法曰敬

孝誠

誠氏征功　字彙曰無僞也信也純也

禮中庸曰誠天之道也誠之者人之道也

孝仁

如鄰切漢音ジン易説卦傳曰立人道曰仁與義

文言傳曰宣以居之仁以行之繫辭傳曰聖人之大寶曰位何以守位曰仁

本所素服人輩

九條右大臣　大炊御門前内大臣

一條大納言　池尻前大納言

德大寺中納言　烏丸左大弁宰相

外山三位　廣幡三位中將
町尻太宰大貳　豐岡三位
中院少將　石野右京大夫
園池左兵衞權佐　八條侍從
川鰭侍從　北小路越後權介
同加勢
四條中納言　西大路前宰相
七條三位　左兵衞督
愛宕三位　勘ヶ由長官
季知朝臣　重胤朝臣
政季朝臣　隆賢々々
爲行　輔季

(別紙)

御諡虎之事

大行天皇御在世御德行無所欽就中厚仁至孝之

叡慮異于他之間仁孝孝愛等中可爲當然乎尙宜群議候

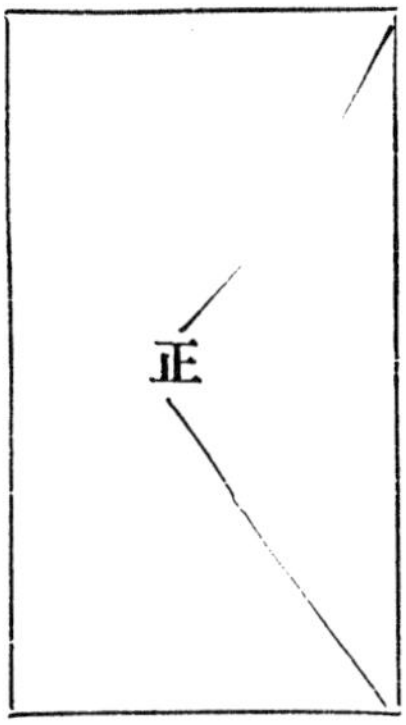

弘化三年従二月中旬到五月中旬

雑記

乙

朝議大夫藤博房

二月小

十五日辛丑晴

十六日壬寅晴

十七日癸卯晴

諒闇服諸家一同必著用勿論候但以元文以前之趣或不著用輩雖相交可被宥恕之間各可被任所意事別紙之通飛鳥井中納言被申渡候尤小番未勤之親族中にも可申傳之旨同卿被示候仍申入候也

二月十六日　建通

右之通被示候仍申入候御廻覧可返給候也

同日　有長

十八日甲辰降雨

頭左中辨

申沙汰御用相濟候ニ付自明日參番被　仰出候旨三條大納言被申渡候

仍申入候也

二月十七日　在賢

右之通

同日　公純

當番參　朝巳刻依御燒香奴袴著用卷纓持參各揃之上両三人申合本所參入於蔦杉戸卷纓素服之人候所ニ行向御燒香誘引相賴同時燒香了歸番所議卿より噂有之由申送有之去自十四日御格子被下候間於番所も両人ツ、申合詰居自余休息勝手之旨也依之於納戸休息併不及脱袍暫時睡眠及拂曉替合了

一　來月四日酉刻　御葬送

御中陰中七々御日取別紙之通候御葬送翌日

禁中　女院　准后敏宮等爲伺　御機嫌諸臣一同參入献物之事

御中陰中献物同上但献物安永天保之例

御中陰盡七日

初七日　三　月　六　日
二七日　同　九　日
三七日　同　十二日
四七日　同　十六日
五七日　同　十九日
六七日　同　廿一日
七七日　同　廿五日

一　來月七日渡　御倚廬不及　御機嫌伺
一　同月十八日還　御當夜兩役井當番衆近習內々外樣
當夜或翌日諸臣一同爲伺　御機嫌參入之事
安永八年天保十一年　度之通
一　來月七日　女院著御輕服

一同月九日　准后著御素服

一同　日　敏宮著御素服

右除御迄之間一ヶ度爲伺　御機嫌諸臣一同參入献物之事

寛政七年　中宮御輕服天保十一年

一大宮欽宮等御素服著御之節准例

右之通新大納言被申渡了

十九日乙巳陰晴不定退出掛御燒香如昨

二十日丙午晴

二十一日丁未晴陰不定夜雨

二十二日戊申晴陰不定夜風雪

二十三日己酉晴

二十四日庚戌晴參番辰一点請取也依倚廬殿造立御學問所不及見繕之旨之番所勤番之輩御格子後休息之事不苦旨乍去ツヽラ取寄之儀不宜包物

或圖無等ニて小夜具取寄可然之旨也
御記御文庫より御諡號　宣下一合可取出候旨新大納言被申渡則取ア(マ)
ヒ・人數申付以非藏人御鍵申出合封忠愛朝臣同伴從御文庫取出附屬于
新大納言往來帳其旨認置了
御中陰中近習之輩七日々々中兩寺に可參詣其餘日も不及參詣旨三
條大納言被申渡候仍申入候也
二月廿三日　在賢
右之通——
同　日　公純
御息所自今被稱女御之旨三條大納言爲心得被申渡候申入候也
二月廿三日　在賢
右之通——同日　公純
三月六日初七日一番五番　九日二七日四番

十二日　三七日二番　六番
十六日　四七日三番　五番
十九日　五七日一番
廿一日　六七日二番　四番
廿五日　七々日三番　六番
　但右番割御用等ニて差支之輩ハ其日不參御七日々々之内參詣ニて宜候事
御中陰中近習之輩七日々々両寺參詣之事番割議奏卿ハ示談別紙之通候事
　両寺献物備物
公卿方金二百疋　殿上人方金百疋
參詣衣躰人々可任所意事
已上以先規振合今度治定候仍申入候也

二月廿三日　　基豐

右之通

同　日　　公純

一來月七日八日等兩日之内（七日御輕服著御爲伺御機嫌近習一同組合）

女院献上　僱八條三位并籠　一荷（朧饅頭百ツ、）

同月九日　准后著　御素服

同日　敏宮著　御素服

右爲伺御機嫌近習一同組合并籠上（右同）　來月十日十一日等兩日之内

献上之事　僱　准后堀川三位　敏宮刑部卿

右議奏卿示談治定候仍申入候僱人体各領掌候仍申入候也

二月廿三日　　基豐

右之通

同　日　　公純

廿五日辛亥晴天和暖風光新　今日唯心院忌日十三回忌ニ付淸淨華院松林院靈前燈香法會巳刻僧侶五口終墓所歸宅

廿六日壬子晴

廿七日癸丑陰雨　從陽明門院一統心得廻覽寫如左

一大行天皇御葬送之日參　内人々巳刻遺詔奏警固ニ開（五ヶ日廢朝被下御簾）陣儀訖比ヨリ六府人々卷纓老懸具野劒（公卿者於内裏卷纓老懸可被任所意可具野劍）（但老懸者依御葬日不用之卷纓計也於六位不撤之）參飛香舍之時同之非衞府之人々者垂纓參本所之時卷纓

一御葬送之後無參本所之儀

一大行天皇御葬送後參　内人々垂纓被下御簾五ヶ日之間殿上人可爲卷纓候（但依家例垂纓所存次第自倚廬還御之後垂纓）警固ニ開陣儀訖比ヨリ開關解陣儀訖比マテ六府之人々卷纓老懸具野劍（公卿者於内裏卷纓加具野劍但老懸者所意次第）參飛香舍之時同之

一両寺参詣可爲狩衣候
一公卿殿上人両寺ニても吉服之間可爲垂纓候
一倚廬　渡御之間六府之人々卷纓ニて可脱兵具老懸候又殿上人不可著
直衣候
一自倚廬還御之後諒闇服可爲著用候當夜或從日又撰日次著用
一若年人著亮陰服之後可爲淡眉候鬢幅非特鬢不可出之雖羽林同斷
一大府子御膳供進可爲吉服候
一清祓奉行出仕可爲吉服候
一御神事御潔齋等不及吉服候
但從神事輩者可爲吉服候
一神官上卿辨常日不及吉服候
廿八日甲寅時〔晴カ〕時々細雨春暖加増参朝午剋御燒香也依日中勤行暫時見合當番
之人同時燒香了退出

廿九日乙卯降雨未後屬晴

一　來月四日御葬送候午刻近習之輩可令參集旨明（マヽ）香井中納言被申渡候

仍申入候也

二月廿八日

素服輩可有參集于本所可申傳由同可被參候事

則參于本所示傳新中納言了近部尤差貫著用候事

倚廬還御翌日　禁中に御菓子朧饅頭百近習一同組合献上之事

催　六角三位　領掌候仍申入候也

右之條々被示候仍申入候御献　否承度御廻覽可返給候也

四月廿九日　公純

三月大

一日丙辰陰天當番參　朝巳半刻御燒香如例

一　仁孝天皇

御廟號　奉稱弘化之事

大行天皇御謚號廟號等右之通之旨以一紙被申渡候事

一家君依執奏御用御中陰中小番被免之旨新大納言被申渡

二日丁巳晴春寒再冴　般舟院假屋各出來ニ付

家君御同伴点驗一覽普請惣龕暴併如例也

一會傳奏奉行休所余り見苦ニ付疊敷替於寺門表替可致之旨申出

知恩院燒香內見役僧両人面會　御謚號以一紙申渡無程歸宅

一　源宰相　忠愛朝臣

右倚廬渡　御還　御迄之間小番不及參勤候旨被仰出候仍申入候也

三月一日　豊仲

右之通被示候仍申入候 ———

同日　行遠

三日戊午晴

四日己未晴今日御葬送參朝午正刻垂纓陣儀訖卷纓聞參仕之事屆番頭御燒香如例未刻殿下御參程なく御棺奉移于御車共義近習之輩殿下御傘供奉廿マヽ以下人々御用捨之由且新帝爲守護四五人番所殘留先中殿御屛風御簾等撤却殿上置床ニ此度出來奉移次御車ニ入御御車之内廣キ三帖也御絹御簾等垂之御出車迄近習公卿一人殿上人両人詰也　御見送月花門前之旨議今般示但自分沓也依之申刻迎取寄無程御催之近習之輩自車寄下殿平唐門ヲ入テ月華門前群居廻廊北間ニ攝家宮方次近習同小番御免本番所人々同此末ニ群居供奉人々西側ニ列立御出車酉半刻御車副數十人御假門迄引出於御門外付牛彼是及戌刻無滯御出車近習之輩出御門群列御見送了歸番所今夜直御機嫌伺明日不及伺之旨也依之付于御帳先是議卿より被申渡前番當番之外勝手ニ退去之皆々直ニ退出亥下刻今夜快晴此上之幸誠天下萬民幸甚也翌日既降雨夜烈風天令然處乎

遺詔使 俊克朝臣

葬場使 實愛朝臣

山頭使 源常德

御葬送供奉

九條右大臣

大炊御門前内大臣

三條大納言

坊城前大納言

一條大納言

飛鳥井前大納言

久我中納言

中山中納言

久世前中納言

烏丸左大辨宰相

西大路前宰相依所勞御斷

武者小路三位

近衛内大臣

德大寺大納言

鷹司左大將

廣橋前大納言

池尻前大納言

高倉前大納言

四條中納言

德大寺中納言

東坊城宰相

四辻宰相中將

萩原二位[illegible]

七條三位

西洞院左兵衛督
外山三位
町尻太宰大貳
豊岡三位
甘露寺頭辨
正親町中將
大宮少將
御前火野宮少將
中園左馬權頭
鷲尾少將
日野辨依父薨去御斷
冷泉大夫
裏辻大夫

堀川三位
廣幡三位中將
愛宕三位
日野西勘解由長官
三條西中將
庭田中將
御前火中院少將
石野右京大夫
園池左兵衛權佐
八條侍從
勸修寺辨
小倉大夫
河鰭侍從

勸修寺大夫　　北小路越後權介
小森丹藏人
五日庚申陰天未後降雨暖依御法事般舟三昧院參向卯半刻狩衣奴袴家君依女院御使昨夜泉涌寺御參向候依之予行向先例傳奉幷御內儀等參詣各通刻之間寺門勝手聞繕御法事催先衆裝束鐘附終由役者案內二番鐘衆僧進于堂前次三番鐘各入堂先是予候詰執行代兩人候唐戶口此已前衆僧進堂前之後勤番大名加藤越中守候于聽問所御法事終退其外越中守附武家渡邊修行代兩人各面會總て如先例傳奏參向申下刻直ニ面會御法要無異ニ被濟之由入御牌名之事相尋御葬送前日爲先例被相渡之處仁門御執筆尊儀之兩字ナシ仍相伺候處從跡被仰旨也之處於此度尊儀之字可被認由其儘可然旨也其趣申渡于院主傳奉退出之後直ニ退出申半刻過ニ武家之輩傳奉面會之事無之哉相尋候間先例取調不及面會之旨返答併今日傳奉參向迄退出可見合申渡總て天保度之通可心得役者へ申渡了歸宅後更ニ爲御機機嫌伺參入　女院垂纓

有武家代拜自分拜等其後代拜之時武傳一會傳奉執奏ヰ各候于唐戸口諸司代同詰自分拜之時ハ代拜引續也執奏計詰同諸寺御燒香詰諸司代上家閙人計也

准后卷纓各御帳ニ付退出

六日辛酉陰天夜雨早天般舟院參向御初七日也衣冠垂纓奴袴御經供養總て如先例自執行代申出今日依雨儀童子雨傘差掛上下躰之者不苦哉先例も有之由也先例ニて不苦併嚴儀御場所乱混無之樣可申付之旨申付其後布衣之者出來申出尤布衣可然之由申渡了武家詰堂上より前後色々ニ相成候由ニ候得共先堂上各著座其後武家詰先是已前案內即刻可進申合但自分參詣之人々ハ此後可被爲聽聞且自簀子往返可然候雖御法事中簀子往來ハ不苦申入

御經供養了各無異申入傳奉武家之輩各退散復退院直ニ向泉涌寺時々降雨泉山深泥雜人群集方丈休所ニて暫時見合御廟參御燒香了御法事相待暫時聽聞退出歸家秉燭

七日壬戌晴午後陰天夜春雨徒然當參仕巳刻今夜戌刻倚廬渡御也中前殿下

御參酉刻各所促參仕正刻出御陰雨次第書別紙

參仕人々　公卿

內大臣　三條大納言　飛鳥井中納言　源宰相有長

治部卿久雄

劔實德朝臣　璽公前朝臣　裝束司忠愛朝臣　侍臣資宗御斷替顯彰

胤保　丹波賴永

傳奏　源大納言基豐　奉行　愛長朝臣

一今度御凶事ニ付両寺御備進物之事

公卿　二百疋　殿上人　百疋之趣ニ申入候得共公卿殿上人共ニ百疋ニて宜候事

但家例有之候ハヽ二百疋無論不苦

猶巨細面陳可申入候也

已上更自議奏令噂候仍早々申入候也

三月五日　基延

一倚廬渡御中御學問所爲御內儀之間近習衆御學問所不可有參入候事

一同上近習衆當番參否書付不及献上候同番代等ニて退出之節不及伺候且弥可爲靜謐但參否人數退出等之事當役迄可被示候事

一同上御文庫往來自小御所南階可有昇降候事

右之趣可相心得飛鳥井中納言被申渡候揔て天保十一年前之通可心得同卿被示候仍申入候也

三月四日　久雄

一倚廬渡御中他行御暇之儀長橋ヘ不及願議奏卿ヘ相届承知之上他行旨加勢宰相中將被申渡候仍申入候也

三月五日　建通

一御中陰中両寺參詣番割日別段御暇願ニ不及候仍申入候也
但番割之外ニ參詣御暇可願勿論之事

右之通可申傳源大納言被示候仍申入候也

三月六日

右之通被示候仍申入候御廻覧可返給候也

同日　公純

八日癸亥陰天小番退出次　女院參入御輕服著御御機嫌伺也

九日甲子晴

十日乙丑降雨

一今晩酉刻　女院　御輕服除御御心喪之旨橋本中納言被申渡候尤小番未勤親族中にも可示傳同卿被示候仍申入候也

三月九日　以長

右

同夜　有長

十一日丙寅陰雨滂沱卯刻般舟三昧院參向三七日御逮夜也傳奉參向遲々之間衆僧裝束之事豫命置無程參向令打裝束鐘二番鐘續令打衆僧進于弘

廂傳奉予詰人々候于西廂執行代兩人候于唐戸口次三番鐘衆僧入堂左右ニ別御法會畢傳奉同時退無異申入程無傳退散午刻比詣寺御燈香催之事役者申來先是勤番大名引取勝手之事役者ヘ任置御燈香未下刻予詣人々候于西間院主執行代一人候于東間番僧五六人候于唐戸口各了退非藏人同候御法會ニ付又同西假屋也歸宅未半刻

十二日丁卯晴天仙櫻開敷

十三日戊辰陰天細雨午後屬晴參　朝巻纓請取也當番書付不及献上依倚廬渡御之番代退出武傳面會之事有之未刻退出飛香舍參入巻纓御素服著御中御機嫌伺人

十四日己巳陰晴

十五日庚午晴

十六日辛未晴夜雨般舟三昧院參向卯刻過御經供養如例

但御導師寺門法光院ニ付園城寺學頭代兩人出仕面會了向于泉涌寺御經

共養聽聞如例武家代拜自分拜等アリ家君御同伴今日無諸寺御燈香御廟參御燈香共相濟御法事暫聽
聞直ニ歸宅申刻
十七日壬申陰天萬花開
十八日癸酉陰雨濛然　夜半自禁中文箱到來明辰刻召也

貼紙

十九日甲戌晴被　召參朝辰刻新大納言被示御中陰於般舟院御法事中幷觸
穢中ニ他御年回御法事被行候例有之開明門院御年回御法會觸穢中ニ
相當リ候事有之樣殿下御沙汰之間早々可取調但開明門院ハ淨華院御
葬送之事於彼寺可令吟味旨也右ハ此度東京極院御三回聖忌也最早明
後廿一日御正忌之間早々可及返答之旨仍即刻退出淨華院役者召寄相
尋之處返答幷因幡守覺悟之事開明門院御法會於淨華院ハ御年回之度
於寺門勤行敷會ニてハ一切無之御百ケ日御五十回忌之節從禁中被仰
付所也其余門院方先例取調東京極院御三回忌昨年相濟御法事帳有之
依之其趣幷淨華院返答之次第更參內午刻當番也當番新宰相返答東京極

院御三回忌之事聞〔間カ〕違ニ無哉爲念相尋之處議奏大驚早々御目次一覽之
處昨年相濟之由有之全間違之旨也但御正忌御法會も御中陰中之分可
取調旨也般舟院
家君御參向中之事跡早々相伺候處一例有之籠僧一統出仕之由也其旨
及返答其後不及沙汰御法會被仰付候事無之是東京極院ハ於當今祖母也
但御正忌ハ不被及御沙汰乎

〔貼紙ノ分〕
從今十九日亮陰服著用昨夜撰吉方著初卷纓此間陽明へ相願置去十
七日申出
今日倚廬還御御機嫌伺有之帳也

二十日乙亥降雨
廿一日丙子陰天濛然時々細雨宿加番參仕順番繆座帳二冊書參仕
廿二日丁丑快晴

廿三日戊寅陰雨終日濛然
廿四日己卯陰雲細雨終日
廿五日庚辰般舟院參向早旦當番右衞門佐へ晝計番代御法會終り御道場御講御經供養莊嚴之命于院承仕御經供養如例御導師法光院學頭代書仕御開幕之事學頭代より依賴承仕勤仕之由申出聽聞如例導師布施終大臣早出武家代拜有之武傳一會傳奉執奏等候于唐戸口各了武家參勤之輩代官以下迄一拜之義有之執奏計詰同諸寺御燈香未刻過諸寺御燈香催空也堂依遲之所遲刻申刻ニ及詰如例空也堂御燈香終早出直參　內宿直也

同勢百五十人云々

一就來廿七日御精進解　禁中天保十二年度之通
女院安永八年十二月廿八日新女院ニ獻上之通
右御看献上可然　准后　敏宮等ゟ追而可有御沙汰旨新大納言被申渡

候仍申入候也　公純

三月廿四日

一來廿七日御精進解ニ付近習一同組合

禁中江　生肴一折　女院江　生肴一折

催　禁中北小路三位　女院　藤堂三位

右領掌候仍申入候也

三月廿五日　基豊

右之通被示候御獻上否承度候也

同　日　公純

廿六日辛巳陰雨午後雨止

右衞門督

執奏御用相濟明廿七日小番一箇度被　免候事

藏人左少辨

御書事申沙汰相濟明後廿八日小番一ヶ度被免候事
右新宰相被申渡候仍申入候也

三月廿六日　　公睦

右之通

同日　　公純

廿七日壬午晴精進解
一鯛　四尾近習一同ヘ給候自源宰相被傳則各二切ツヽ拜受御礼ハ自
番々頭被申上候由也
廿八日癸未快晴天授院代參藤君御月忌也
廿九日甲申快晴
三十日乙酉陰

四月小

一日丙戌受取參番辰刻陰天細雨午後快晴
一來三日觸穢限同日子刻改火之事三條亞相語申給
一來四日午刻新皇御礼可令參集廣幡亞相噂有之
二日丁亥雷電甚雨午後陰晴不定
三日戊子晴
四日己丑快晴
踐祚後御礼候間午刻御參可被成候也
四月四日 四五軒順路名
早旦沐浴神拜午刻依召參朝差貫自第一被申傳今日御對面無御祝酒拜領之後勝手ニ退出且准后ニ茂踐祚恐悦可申上旨也御祝三献吸物拜受即刻參准后御方直ニ歸宅未刻過
一諒闇朞年之內停止宴飲作樂事各存知之儀ニ可有之候得共猶又爲心得可示置之旨　關白殿被命候事　別紙之通飛鳥井中納言被申渡小番未

勤親類中〻も可申渡同卿被示候仍申入候也

四月三日　正　房

右之通

同　日　公　純

一本所素服公卿殿上人今日除服　宣下ニ付各小番一ヶ度被　免候旨新大納言被申渡候仍申入候也

四月四日　基　豐

右之通

同　日　公　純

一准后御方今日御精進解ニ付献進物之事

生肴　一折

右近習一同組合進上治定來八日催　大宰大貳右領掌候　敏宮献上物之事先例無之則議奏中〻示談献上無之方治定候仍爲御心得申入候也

四月四日　基豊

右之通御献上否承候也

同日　公純

一准后　敏宮等今四日御素服脱御御一朞之間御心喪御服著御之事　准
后敏宮等今四日御精進解ニ付献物之事
於准后ハ安永九年正月十一日天保十二年正月十日等御精進解之通
於　敏宮者天保十三年正月二十日　欽宮ヘ御精進解之通　右献上
今四日或八日等両日之中献上之事

別紙之通飛鳥井中納言被申渡尤未勤親類中江も可申渡同卿被示候仍
申入候也

四月四日　久雄

右之通

同日　公純

五日 庚寅快晴新樹風涼

六日 辛卯快晴

一就來廿四日　加茂祭自來八日晩　御神事自來廿二日晩到來廿四日晩

御潔齋候御相番中且小番未被相勤親族中へも可被示傳候也

　四月五日

右之通被觸　————　公純

一御神事中雖爲御潔齋不從神事之輩亮闇服著用不苦之事

別紙之通新宰相被申渡候尤小番未勤親族中へも可申傳同卿被示候仍

申入候也

　四月五日　建通

右之通　————

　同日　公純

七日 壬辰陰天夕甚雨　當番巳半刻參　朝今日女院御肝煎非常付等差替有

之其外　禁中非常付改予被加非常御前

八日癸巳晴朝寒

九日甲午晴　受取參仕　家君御代也退出巳半刻

一自明後十日詰改番組一紙新宰相被申渡候仍入見參候也

右之通無御相番大幸候也明後十日受取云々

四月七日　基豐

十日乙未陰雨終日參番巳半刻依今日詰改也

自番頭廣幡差文到來

十一日丙申陰雨

十二日丁酉晴　午後勢多會

十三日戊戌陰雨

十四日己亥陰天欲雨不降

一從來十六日小番依　女院御用令不參候尙參勤之節會從是可申入候宜

敷御沙汰候也
四月十四日　能通
四月十四日　實愛
一同文
十五日庚子晴天
十六日辛丑晴天參番巳刻　亥半刻出火泉涌寺サンヘイ佛
十七日壬寅晴天
十八日癸卯晴天寺島稽古裏松池居等行向
十九日甲辰陰雨
二十日乙巳晴天
廿一日丙午晴天
廿二日丁未晴天參番午前
來廿八日東照宮奉幣日時定自廿七日晩到廿八日午刻御神事候御相番

中――――

右之通――――

四月廿二日　基豊

廿三日戊申晴

廿四日己酉晴今日賀茂祭也使公正朝臣吉服辰過刻依亮陰出御無早〔畢カ〕云々傳

奉橋本中納言光愛如例參向

廿五日庚戌曇天雨氣

廿六日辛亥陰雨勢多稽古參宿左太丞代也

廿七日壬子晴

廿八日癸丑晴申後陰雨　當番參　朝辰半刻殿下御參ニ付早參之事受取公

卿ゟ頼ニ付早參也

東照宮日時定陣儀上卿右大將吉服辨光愛同奉行愛長同朝臣之由傳聞

一從來月一日節朔參賀可爲例之通旨橋本中納言被申渡候尤小番未勤親

族中にも可申傳同卿被示候仍申入候也

四月廿七日　　公純

右之通

同　　基豊

廿九日甲寅陰雨

五月大

一日乙卯陰天濛然属晴勢多稽古清京當行向花花押之事相頼領掌了

二日丙辰晴天　節朔例之通可相心得廻文來略之

三日丁巳晴天

四日戊午晴

五日己未晴當番請取（辰刻前奴袴）女院參賀直ニ參　內明日泉涌寺參詣御暇以表使相願屆于議奏

一准后御方御有卦入ニ付來廿八日献物之事
天保十二年之通云々飛鳥井黃門被申渡候
六日庚申晴泉山參詣午后於雲龍院狩衣著用
御廟遙拜也御院番即刻退院歸路於大雲院休息
七日辛酉曇天細雨日昃屬晴
八日壬戌晴夕立雷鳴
九日癸亥晴
一來十四日御塔供養同十六日御百ヶ日御逮夜同十七日御當日等素服之
輩者三ヶ日參詣之旨近習之輩者三ヶ日之中申合可參詣之旨之事
但詰奉行有之人々ニも申合御用候節御差支無之樣可參詣候事
御百ヶ日両寺ヘ捧物　葩（公卿二十枚 殿上人十五枚）
御先格献上可然候事右之條々橋本中納言被申渡候仍申入候也
五月八日　基延

右之通――――――――――

同日　　　　　　　　　　　　基豐

十日甲子快晴

十一日乙丑快晴當番巳刻過參仕

十二日丙寅快晴

一仁孝天皇來十四日御塔供奉同十六日御百ヶ日御逮夜同十七日御百ヶ日等三ヶ日中素服之輩之外申合參詣之事一日ニ多人數參詣ニ相成候ても如何ニ付豫日割治定候

來十四日　二番　四番　十六日　二番　五番　同十七日　三番　六番

右之通御參詣可仕候爲御心得申入候御廻行上可返給候也

但御用ハ無論無據差支之方ハ日割之外御勝手ニ御參詣宜候畢竟奉行有之輩如同日ニ相成候てハ如何趣候間左思召可給候也

五月十二日　基豊

十三日丁卯快晴

十四日戊辰快晴

十五日己巳晴未後曇夜半風雨

一就來廿八日　准后御方御有卦入

御文匣　三結環付組打交　鯣　一折　二連

右近習一同組合献上候　催　外山三位殿領掌候御献上否承度候仍申入候御廻可返給候也

五月十三日　基豊

十六日庚午陰天細雨午后屬晴泉涌寺御廟參巳刻次ニ般舟院參詣包輿狩衣奴袴

萬里小路日記

三

弘化三歳（自五月中旬至八月晦）

朝議大夫花押

愚志

（博房卿拔萃）

弘化三年

閏五月十日甲午陰天

皇女御降誕參賀廻文到來

同月十六日庚子曇天細雨

先帝皇女御七夜參賀已前禁中女院准后各御帳御在所橋本家直歸家

一先帝皇女自今被稱和賀壽宮加勢宰相中將被申渡候尤小番未勤親族中へモ可示傳旨同卿被示候仍申入候也

從五月十六日　　公純

右之通被示候仍入御廻覽可返給候也

同日　　基豐

六月二十日癸酉陰天時々降雨

一女院御違例不被爲勝候ニ付爲御機嫌伺今日中可有參院之旨橋本中納言

被申渡候仍申入候尤小番未勤親族中へも可申傳同卿被示事

六月二十日　　　　正房

右之通被示候仍申入早々御廻シて、

月　日　　　　基豊

爲御機嫌伺　女院參附于御帳御容躰可相伺哉內々聞繕ノ處不及其義旨也仍卽刻退出

二十一日甲戌陰晴不定黃昏急雷二聲三條ト鞍馬口ト落云々不慥

一女院昨廿日亥刻崩御候旨新大納言被申渡候右ニ付今日中此御所准后才窺御機嫌參入可然尤小番未勤親族中へも可申傳同卿被達候仍申入候也

六月廿一日　　　　雅典カ 本ノマヽ [illegible]

右之通被示候

同　日

基豊

源宰相　源三位　大原三位
堀川三位　外山三位　治部卿
六角三位　池尻三位　あ（マヽ）三位
三條中將　姉小路少將　兵部大輔
左衛門佐　八條侍從

右被仰進于前清和門院本所ノ旨新大納言被申渡候仍申入候也

六月廿一日　基延

右之通り云々

同日　基豊

就崩御爲御機嫌伺　禁中　准后等參入附于御帳卽刻退出重々不慮凶事今歳如何年降此凶害恐懼言語同斷難盡禿筆

七月七日庚寅
參番巳半剋依觸穢自去三日詰改初番也今日天象陰雲濛然時々催風氣至申刻烈風甚雨黃昏增々甚入夜甚雨到夜半風靜鴨水洪水三條橋中絕人家流散右(不カ)知數其外齊々屋瓦散落大木顚倒於蓬屋無事二階瓦散乱梅木倒希代珍事可愼々々後聞三條仮ニ儲舟渡云々
七月廿三日丙午快晴今夜新淸和院御葬送酉剋也爲拜見長谷亭行向供奉人々

近衛內大臣　德大寺大納言
三條大納言　鷲尾前大納言
山科中納言　中山大納言
綾小路宰相　持明院宰相
石井宰相　豐岡大藏卿

高山式部權大輔
堀川三位
錦織三位
池尻三位
今城四位
清水谷中將
野宮少將
高野左衛門佐
勸修寺辨
廣橋侍從
勘解由小路中務權少輔
北小路極﨟

大原三位
外山三位
六角三位
倉橋三位
正親町三條中將
姉小路少將
梅小路兵部大輔
八條侍從
柳原辨
葉室侍從
梅園大夫

遣令使　葬場使　山頭使

實愛朝臣　　實德朝臣

〔肝脱カ〕煎殿上人實愛朝臣　定功朝臣

一自今日五ヶ日廢朝候旨新宰相申渡之

一就女院崩御著御錫紵否之事并〔マヽ〕中和門院御事之時無著御又散法門院之時水靈元院著御中依右叡慮從〔マヽ〕御一ヶ日被延引先蹤如此仐條茂ハ今度無著御可有御簑〔マヽ〕之處亮陰一朞之間乍御殘念無御沙汰候事

敏宮御同樣可有御簑之處諸臣一同不除服宣下出仕之御時節其段不被仰出候事

萬里小路正房卿日記

弘化三年七月八月九月

弘化三年諒闇

別當參議右衛門督藤正房

七月大

朔甲申晴今日被止參賀依去月二十日女院崩御也且依諒闇不能神拜如恒

二日乙酉晴准后ヨリ白銀二枚賜之中元御祝儀之使番來於書院面會直答如常卽刻參于准后御方時節御機嫌伺且中元賜物畏入旨以表使申入小時右兵衛督面會有御返事且別段巾晒一疋賜之旨被傳厚謝シ退出參　内當番也今日午半刻有召中元御祝儀白銀三枚依准后御肝煎八條同事賜之御礼以表使申上自中山中納言被傳修理職奉行御祝儀三百疋同御礼申上如例女院ヨリ御代香勤仕賞二百疋拜領之旨同卿被傳候事酉刻過退出今宿博房之番代參准后自　禁中御祝儀拜領御礼申上次參于前清和院本所以表使御代香御褒美拜領御礼上﨟へ申入次歸家戌刻也藤波老女玉江來留姬湯沐料持參之事依明日觸穢鎭守注連如例

三日丙戌曉來風雨終日空朦自今日觸穢也今夜戌刻前新清和院御入棺也

申半刻過參于准后御方　本所へ御使勤仕亥刻過御入棺無異相濟旨御肝煎通岑卿被申出歸參言上如例有別記
院司之輩自分御燒香之事於本所謁御肝煎卿願申追而有御沙汰旨也
四日丁亥朝微雨夕景属晴巳半刻參內番也宿依所勞退出今日ヨリ小番詰改也
五日戊子天晴昨日分淸淨華院廟參博房留姬元姬等參詣盆供如例
六日己丑晴
七日庚寅烈風雨依觸穢中　參賀無之未刻過參內依烈風御學問所南仕切板塀及破損爲取繕內侍所前園同斷亥刻計退出
八日辛卯風未止辰刻參　內昨日令修理候園方昨夜又々顚倒更催人部令修理及夕景出來届于議奏ぃ一書
九日壬辰晴卯半刻參　內辰過退出傳聞一昨日烈風賀茂川高野川出水汎溢小橋不及言第三第五橋才斷絕擬寶珠多流失云々誠未曾有之事也依之自武邊舟渡儲之三條邊往反漸出來一昨日來河東往反絕之間旅人商賈之類

群集騒動不大方之由今日須藤氏來語者也又聞木津淀川之邊最滿水損人家壞民屋溢死之者多有之又貴船山奥天狗谷殊荒廢山谷壞落云々然於貴船神社無御恙由誠　神德靈威之所令然可仰云々

十日癸巳晴殘蒸如昨巳半刻參　内當番也宿侍

十一日甲午晴卯刻過退出巳刻過參于准后御方伺御機嫌參　内修理御用也夕景退出

十二日乙未晴巳半刻參于殿下般舟院ヨリ差出前清和院御中陰御法事附内覽御寄附先例書等入御覽參　内附傳奏奉行之委事在別記

十三日丙申晴殘炎甚午前參　内申刻過退出修理職方御用也入夜自中山黃門被示院司之輩明日午刻本所に參上可有之御香指貫等可用意旨也

十四日丁酉晴殘暑甚午刻參于新清和院本所屆于肝煎卿院司各參集今日御燒香可勤由也依去日願置也両役已下各同斷未刻計可參于常御殿依御肝煎案内參上次第如左

武傳両卿　議奏〔光成卿雅文卿聰長卿　自余後日也〕次本所附人へ〔非常附并加勢〕次賜素服人々
次凶事奉行〔光愛但傳奏者中山中納言　院司也〕
右男方御燒香之事門院方多先例無之近例文政六年　前新皇嘉門院御事
之時本所祇〔祗カ〕候之輩御燒香有之以右之例此度院司之輩ニモ兼日願中之處
關白殿被窺　天氣所被許也誠可謂冥加多年之報恩事了自第一肝要卿ヨ〔マ〕
リ畏申可退出
十五日戊戌天晴自凶事傳奏面談候義有之可參朝申來即刻參　內候處園城
寺御經供養之節御幕開閉之事是迄多分院承仕勤來候處鳴磬江前後共御
幕開閉可有之願書被差出委細在別記事了退出　招般舟院前條申渡尚又
三ヶ院共申談候上返答可申出申渡候事
十六日己亥晴辰半刻參　內修理職御用有之且今日番也宿者依所勞退出於
宮中德大寺亞相被示新勅撰上新寫之事仰領掌之實輪門御世話ニテ彼室
之用云々依執奏御用御中陰中小番被免之旨橋本黄門申渡御礼申上退出

掛殿下橋本江行向也
十七日庚子晴中山攝津介來
十八日辛丑微雨午刻風烈未刻參　內傳奏ヨリ御牌名被渡知恩院尊超親王
執筆也巨細有別記
十九日壬寅卯半刻參　內依風烈內侍所見隱小御所板圍等破損爲取繕候了
巳過退出午後參于本所三條大納言面會來廿三日御葬送之節予爲院司之
間爲御見送參上之事及內談尙自跡可有返答被示候事
二十日癸卯晴有召午半頃參　內神嘉殿蔀戶風ニテ下蔀放レ候由淸之御場
所入込人躰如何哉可取調被示宰相中山先例無之旨答內侍所非常御用意淸
掛リ人部有之夫ヨリ入込可申哉彼此示談難決之處被伺于殿下尋常之人
部ニテ相濟候事
廿一日甲辰晴參于准后伺御機嫌次參　內凶事傳奏面會來廿三日爲御見送
參事屆置了　先是女院御肝煎ヨリ書狀到來

弥御安全珍重ニ存候抑々御葬送爲御見送御參無子細候間可有御參候
仍申入候也
七月廿一日
追テ御世話卿被示候ニ付申入候尤申刻御衣躰布衣奴袴ニテ御宜候
也
右 ——— 有長 通岑

廿二日乙巳晴半刻參　內番也宿右三位中將へ番代退出橋本中納言被申渡
如左
就　女院崩御著御錫御否之事近　中和門院御事時無著御又敬法門院
之時爲　靈元院著御中依有　叡慮脫御一箇日被延引先蹤如此且令條
茂候今度無著御了有御心衷（喪カ）之處亮陰・朞之間乍　御殘念無御沙汰候
事
敏宮御同樣可有御心衷（喪カ）之處諸臣一同不待除服　宣下出仕御時節候故

不被　仰出候事
右番へ小番未勤申傳候　修理職奉行加勢宮内可被仰出両職申渡之中山
凶事傳奏被執奏御用等依無人也
廿三日丙午天晴自番衆所被觸
自今日五箇日廢　朝候旨新宰相被申渡仍申入候也
七月廿三日　光政
右加承相番衆以回文觸此度鳥飼觸無之由也同斷事准后御肝煎之邊以鳥飼
被觸候事
八日辛酉晴參般舟院今日盡七日也御經供養御導師寺門法光院僧正也巨細
在別記了午刻計參于泉涌寺御廟御牌前等拜礼奠香御法會法要理趣三昧
暫時聽聞了退出參殿下御中陰於般舟院御經供養（初中結日等）寺門御法會無異
被遂行言上次參　内附于議奏加勢宰相中將同前言上小時執奏御用等濟

候ニ付來十日小番一ケ度被免旨被申渡畏奉以表使御礼申上退出殿下野宮亭御參入同上御礼申置歸家

九日壬戌晴准后御姉本願寺門跡室益君逝去ニ付廿日御愼事自取次申來

十日癸亥晴午後參于准后御方御愼ニ付伺御機嫌如恒參于陽明御中陰無異且毎々蒙懇命思召旨謝申歸家更出行參于知恩院宮時節御見舞申入且御中陰無異事申入此節時邪御感冒之由無對面

十一日甲子天晴午後參于殿下益君逝去ニ付御安否伺候殿下御妹也長谷裡松亭等行向申過歸家　自頭辨如左申參

幡　十八流　華蔓　十二

右光明供ニ付從般舟院可被借召旨宜御下知可給候也

八月十一日　愛長

右衞門督殿

追申申出日限之義自跡可申入候也

十二日乙丑小雨空朦參　內修理御用也於宮中頭辨面會般舟院へ被召候佛具來十九日卯半刻以鳥飼可被申出旨也申刻退出參于准后御方此節伺御機嫌且紀伊中納言已下八人　女院崩御伺御機嫌使者差登候旨德大寺大納言被參旨新大納言被傳以右兵衛督申上候事

十三日丙寅

十四日丁卯天晴午後向于妙心寺大通院長谷不慮同序塔中春院至一酌及晩歸家

十五日戊辰曇時小雨宵間無月四更後清朗諒闇中無差儀

十六日己巳晴巳刻參于准后御慎中伺御機嫌次參　內番也宿侍如例橋本中納言被申渡

來廿二日觸穢限同夜子刻改火事未勤親族中ニ為可申傳旨也番頭觸示了

十七日庚午天晴卯刻過退出自番衆所被示

准后此節爲窺御機嫌近習之輩可參入之旨飛鳥中納言被申渡仍申入候
也
但御愼候得共此節之義故以前件之趣相伺可然之事
八月七日　　基豊
右相番衆觸示了
八條三位入來准后御用示談自御色帋奉行如左被示
天保十三年十月輪王寺御暇
近江八景
右准據
八景御手鑑　　九十賀御卷物
同年同月
詠歌大概
右准據

三躰和歌

右觸穢明廿三日可伺之旨飛鳥井中納言被示候仍申入候也

八月十七日　　爲知

光政

十八日辛未雨巳刻參于前新清和院本所二十日光明供御構指麾參　內又參
于本所同斷午刻歸宅

十九日壬申陰晴不定辰刻參于本所導場構奉行御世話卿肝煎卿等同參院承
仕宮坊官已下參入莊嚴出來申刻頃了參　內即刻退出
於本所頭辨被示般舟院佛具來廿一日被返下云々

二十日癸酉雨甚今日於新清和院本所被行光明供
導師　二品敎仁親王
著座公卿

內　大　臣　　三條大納言　　中山中納言
實愛朝臣　　長　順　　大江俊常
院司之輩無參上獻備等之儀
葩三十片院司一同江賜候旨自肝煎卿被傳自中山黄門予傳予五片拜受候
事
廿一日甲戌晴參于准后此節御機嫌伺之事
廿二日乙亥晴自　禁中鳥飼觸來今晩御別殿御盃出座人數申刻迄可申入旨
也加承返却了近習之輩内々觸候但此比觸穢中本番所爲三番候間別段觸
催事内々番頭五辻二位申合内々番所ニ而三人出座有之間以四打今晩御
別殿御盃各不參候旨申入橋本落手也
今日當番晝之間刑部卿へ番代宿依所勞不參也午刻依他御用參　内少時
退出
廿三日丙子天晴今晩改火家内清祓　御鎮守清祓大木勘解由勤之自今日神

拜如例　午刻參內御色紙御用也晩景退出
准后今日別敕御出仕之旨自取次申來
二十四日丁丑晴參于准后御方昨日別敕御出仕恐悅申上參于陽明昨日御出
仕御歡申上昨日除服宣下也直參　內申刻更參于陽明內府公拜謁賜一献
源大納言大藏卿同被參亥刻比退出候事
二十五日戊寅晴午後參于近衞殿昨夜內々御命有之候　嚴君御極位事兼々
內々願出候例書入一覽置候事
二十六日己卯晴家君過日來少々御時邪之處昨夜已來御發熱御痰喘强元來
御重病之上御疲勞有之依之岡本甲斐守相招令診察三子養親湯調進之處
先々御痰相開令安心候事百々陸奥守同樣診察猪野元碩須藤齋宮等同伺
來今夜齋宮宿申付候事
武傳へ烏犀圓拜受之義申願元來天保十一年拜受申願此度又々願事
口狀

家父先年ヨリ中風症之處此頃亦々差重候ニ付每度恐入候得共烏犀圓
申受度存候此旨宜預御沙汰候也

八月廿六日　　正

德大寺――

坊城――

右予可持參之處夜陰殊所勞取紛候而德大寺家來へ入魂左京進遣候持參ノ振取計事賴入候事承知也非月番坊城へモ同斷入魂屆之事今日堀川三位裏松辨等入來家君御所勞ニ付何カ談合候事岡本轉法星香散調進事蘇香圓御兼用

廿七日庚辰雨家君御容躰御同樣之內先御靜謐事岡本父子相伺自今日淸脾散御兼用更調進大村泰輔拜診申付同意事裏松辨入來被尋事自德大寺家家來招烏犀圓今日巳刻ヨリ未刻迄之內若狹守役宅ニ可申出旨被示候事北帶刀諸司代役宅へ遣ス烏犀圓申出東ニ入有外箱候事兩傳へ申出候旨屆之事博房今日兩家ニ行向昨夜可行向之處入魂ニ付改行向畢今日當番晝河鰭

侍從ヘ番代宿不參了
廿八日辛巳晴今日若狹守役宅ヘ使ヲ以テ烏犀圓拜受礼申入候事
自番頭被示中山中納言左大辨宰相八條三位御道具御用懸自今日日參被
仰出日參中被免小番候旨三條大納言申渡候事
今日嫡孫聰麿産神詣也午刻前參詣侍女三人老女壹人近習両人等召連歸
途過于大島左馬允亭生肴一種爲土産送り了依亮陰中無祝儀家內之祝醫
師両三人相招候事
家公御違例先御同樣也烏犀圓日々一二匕宛以薄荷水御服用御藥劑同方
也岡本已下日々相窺候事
廿九日壬午晴參于准后御方今日輪王寺新宮此度御發駕ニ付御暇御參也但
詰申半刻頃退出
家公先御同容也御小水御通不足之旨醫師共申之自今夜麝香ヲ五厘計御
臍中ヘ入上ニ田螺ヲ覆如泥スリツブシ又上ニ帋ヲ覆是御通幷御氣力順還候名

藥云々隔日取替候事　堀川三位入來被尋御違例

九月

朔癸未晴巳刻參于准后御方當日詰如例八條三位同事但依　禁中御用午半頃早出也今日左府公内府公等御參自余各不參未半刻退出裏松辨入來事昨日分家公此度從一位御申上ニヨリ去日内府公へ願置候處内々殿下へ御伺且御時宜モ御伺候處無子細早々申文可差出昨廿八日御返答有之予被召御對面段々畏入旨謝了一門所意夫々相尋申文取調依御不例予御代筆

上包中鷹檀帋水引　　御例書中奉書四折

中廿三年　建房　六十七歲　　家例

申

從一位

正二位藤原建房　元祿七年二月十三日 中十四年　淳房 叙正二位　四十三歲

寳永六年九月十六日　叙従一位　五十八歳
爲寳應元（暦カ）　植房
寛延四年六月廿二日　叙正二位　四十七歳
中十一年
寳暦十三年六月十九日　叙従一位　五十九歳

右相調持參于陽明入御覽之處無思食勝手職事附可然旨命給次參于頭辨亭右中文披露之事相頼了　家君今日少々御塞有之且御小水不足ニ而牛車八味丸御兼用之事

二日甲申晴長谷刑部卿裏松左兵衛佐等入來家公御不違御見舞被申今日御容躰所御快方御痰爲御治リ御精力愷方恐悦之事也醫師伺如例候

三日乙酉陰天

萬里小路日記

四

愚誌

弘化四年孟春ゟ至十二月

正月大

元日辛巳天晴春色和暖梅花開黄鳥啼四海安寧萬福幸甚依亮陰式御盃等之儀無之不廻礼不注連餝如平常

二日壬午晴殿下陽明家等年礼行向其他不行向

三日癸未晴

四日甲申晴

五日乙酉晴時々雪花參番巳半刻指貫以表使年始御祝詞申述　仁孝帝尊影御表粧ニ付詰大夫間詰有之両人宛也暫時了

六日丙戌晴時々細雪春寒更嚴

七日丁亥

八日戊子晴夕細雪

九日己丑晴

十日庚寅晴和暖

十一日辛卯晴參番巳半刻今日神宮奏事始也服者之輩相憚待事終可爲參內之處不心付參　朝輕卒之至也雖然已事終之後也是失中幸也宿退出明日賀茂奏事始也

十二日壬辰晴　賀茂奏事始也

十三日癸巳快晴

十四日甲午晴

十五日乙未晴

十六日丙申晴請取右中辨　參仕午前退朝與島會始

十七日丁酉晴參番巳半刻無事

十八日戊戌晴風猶寒

十九日己亥晴積雪絕景

二十日庚子晴雪消春色新

廿一日辛丑快晴東寺參詣

廿二日壬寅陰天至黃昏雷鳴風生止　勢多會
廿三日癸卯晴有雪氣寒當番巳刻參仕
廿四日甲辰晴和暖
廿五日乙巳陰雨
廿六日丙午晴時々細雨詣于泉山御廟仁孝
廿七日丁未晴陰不定
廿八日戊申
廿九日己酉晴當番巳半刻參仕
卅日庚戌
〇
二月小
朔日辛亥陰雨雷動
二日壬子晴

三日癸丑晴詣于弘化御廟
四日甲寅降雨未斜属晴
五日乙卯參番巳半刻准后參入　仁孝帝一周聖忌ニ付御機嫌伺也　禁中
敏宮等附于御帳申上
般舟院御法會嚴君御參向也
六日丙辰晴　般舟院　嚴君御參向予一分參詣
七日丁巳快晴
八日戊午陰天細雨　堀三品除服出仕之處依所勞予名代廻勤　禁中表使
准后御帳殿下　九條門院　野宮當番議奏　日野披露　奴袴著用家僕廝上下
九日己未雨降
十日庚申陰天春日祭也上卿中山黃門井柳原右少辨
十一日辛酉晴參番巳刻請取順番巳刻請取順番之處御神事及今朝之　代
勤是依服中也

十二日壬戌陰天勢多會
十三日癸亥陰天細雨　高松公富內會
十四日甲子陰天起邑會
十五日乙丑晴
十六日丙寅晴夜降雨服明沐浴社參（依亮陰不詣春日）
十七日丁卯降雨參番（午前）
十八日戊辰屬晴
十九日己巳晴
二十日庚午陰雨勢多會
廿一日辛未陰雨
廿二日壬申快卯半刻參　朝常御殿御修覆後御掃除也第一自正親町羽林被申傳常御殿ハ依御修覆例御掃除淸箒計也御黑戸御湯殿御涼所ハ如例之旨也万端無闕滯申刻過点檢終今度御修覆御寢ノ間二ノ間其外惣

見繕御寢御衾狩野縫殿助相勤青竹紅白梅群雀御袋戸棚花鳥童遊美麗絶言語二ノ間南有嘉魚之圖來章相勤先以恐悦之至也各終退出秉燭

廿三日癸酉參番巳半刻无事　陰雨終夜

廿四日甲戌陰天

廿五日乙亥快晴南禪寺天授菴行向入夜歸宅

廿六日丙子快晴

廿七日丁丑快晴

廿八日戊寅快晴　諒闇終大祓辰刻御禊未刻

廿九日己卯快晴參番辰刻大麻子出

御摠詰也巳刻出

御御陪膳隆賢朝臣摠詰指貫候波禰馬障子外

傳聞昨大祓上卿日野中納言隆光新宰相聰長奉行俊克朝臣傳奏源大納言基豊大床子前御陪膳季知朝臣後通富朝臣

○

三月大

一日庚辰参詣于春日社衣冠奴袴亮陰後初参也

二日辛巳快晴

三日壬午快晴櫻桃漸盛参賀　禁中　准后　殿下　九條陽明等参入便續君當月下旬御元服　被仰出恐悦申入鬪雞如例献上岡崎鷄兼帶

四日癸未晴

五日甲申晴

六日乙酉降雨参番巳半刻

七日丙戌降雨夜甚雨陽明家立大后習社参上予五位侍從相勤悉記子明日

八日丁亥降雨到夕霽陽明家立大后御祭礼参上辰半刻予五位侍從参仕本宮御装束了之後先列立于南棟門代外公卿一列殿上人一列進庭中拜舞四位侍從へ著横敷座々後著廊代座々前設黑木机代居肴物代土器次一献公卿献盃

終之終予前大進勸盃其儀大進來予前瓶子取五位諸大夫相從氣色于予々下座受取盃復于本座次座侍從ニ一礼飲酒　令盛酒授于次座侍從平座次二献予前權大進勸盃同一献次饂飩殿上人前預居之次第ニ立箸次三献予前少進勸盃同一献次居飯殿上人前預居之次第ニ立箸七先是拂饂飩ノ箸次居冷汁次熱汁豫居之次進物豫居之次菓子同上次居薯蕷粥各次第ニ立箸如先次賜祿五位諸大夫授予々拂箸拔足受取之掛肩祿代用卷紙大臣祿亮受取之授諸大夫之後自下﨟退出下殿

右終賜酒肴湯漬歸宅戌刻

九日戊子快晴學習所開筵出席辰刻講釋聽聞孝經聰長卿　大學寺島丹後介
孟子牧　中庸大澤雅五郎　書經中沼　詩經岡田六藏等也終歸宅巳半刻殿下
ヨリ賜第(茅カ)卷

十日己丑

十一日庚寅晴

十二日辛卯陰雨參巳半刻
十三日壬辰陰雨參番
十四日癸巳陰天細雨及黃昏屬晴
立太后册命也　禁中參賀　殿下　后宮今日陪膳御用之事兼日被　觸
依之參宮卯半刻親王遂相攝家之衆各參入有御祝　殿下御參申刻過
內府公御出迎之事兼日御賴之處依　后宮御用　禁中之　及御斷
本宮御出迎御參前申半刻過下車寄　朔平門內ニ御出迎先內々方ニ御
參御休息　本宮敷說終て自車寄御下殿列立于南棟門外昇殿給之歸內
々方御退出御見送朔平門ヨリ御退出也陪膳終退出及子刻

節會　公卿

內大臣忠熙　右大將家厚　德大寺大納言實堅　權中納言建通　飛
鳥井中納言雅久　左大辨宰相光政理　宰相中將定祥替　新宰相中將公績
少納言　辨

長照朝臣　光愛

次將　左

基貞朝臣　政季朝臣　隆賢朝臣

右

實德朝臣　隆晃朝臣　定功朝臣

啓陣將

公恪朝臣　忠愛朝臣　雄光朝臣

保美朝臣

兵衞府

員光朝臣　勳光

册命使　御調度使

實愛朝臣　大江俊常

節會宣命使飛鳥井中納言　陣執筆宰相中將

皇太后宮職

大夫　源大納言　　権大夫　中山中納言
亮　恭光朝臣　　権亮　季知朝臣
大進　顕彰　　権大進　胤保
少進　哲長　　権少進　丹波頼永
大属　職孚　　少属　紀定厚
権少属　宗岡行誠

本宮郷食
四位侍従
隆韶朝臣　　公誠朝臣
五位侍従
長順　　公述
陪膳所役

賴易朝臣　惟和朝臣　資生
哲長　泰顯
本宮諸大夫
利壽一条保田刑部權大輔　吉誠殿下青木治部少輔
在正九条石井刑部少輔　世誠二条西村內藏――
長敬近衞小山――
今日立大后無闕滯被爲濟恐悅至也今日恐悅以表使申上依陪膳參仕也
十五日甲午快晴從　大宮昨日參勤ニ付生鯛二尾拜受之御使對面御受申述布衣　大宮參入御肴拜領御礼也先御肝煎申入次以表使申上退出參宿酉刻家君御代也
十六日乙未陰雨
十七日丙申晴

十八日丁酉快晴參番巳半刻殿下參上來月二日三日新皇嘉門院二十五回
聖忌御法會被仰出届也
十九日戊戌雨降學習所參入孝經岡田六藏巳刻歸家
二十日己亥晴
廿一日庚午快晴　御拜御傳〔マヽ〕ニ付參賀　禁中大宮等中園家首服爲悅行向
廿二日辛丑晴兼室家行向依明日儀也戌刻歸宅
廿三日壬寅晴葉家行向拾遺息長邦加元服同日拜賀聽昇殿敍從五位上加
冠衣冠單坊城前亞相參會衣冠單池尻三品束帶梅小路兵部大輔廣橋拾
遺衣冠單中御門大夫束帶依親服加冠之引出物野太刀ニ入袋堤大宮少進束帶理髮扶持兼陪膳所
役五位一人六位二人刻限卯刻及辰過參會著座次第豫居饌公卿高拓二本殿上人一本
加冠人加著次一献巡流〔マヽ〕二献同已上杯留殿上人座下次居汁物殿上人料者豫居之次
哲長申箸依最末也各立々箸匕次三献留之加冠目之陪膳退依治承例次申時刻至之由則仰
可置具之由次所役人運送同座二枚新冠加冠理髪キ之料相對鋪也次冠次泔杯　次

櫛手巾各終新冠著座哲長扶持次理髪　加冠終小童立座於簀子二拜于加冠人哲長扶持撤新具　次加冠引出物劔理髪祿女裝束次引馬三匹自下﨟退去　午刻出門予附添先禁中自宜秋門參內立神仙門外申次極﨟歸出一揖答揖舞踏終著殿上臺盤下盤卿マヽ饌了退出愛長朝臣扶持經諸大夫間參內之方御對面御前申次愛長朝臣終退次　天盃以表使御礼言上議奏三条亞相招本人今日　大宮拜被　免之由也承退次九条家依門流自四足門參入申次五位諸大夫歸出之後二拜二度久子也終參內々方予先歸葉室卿各終歸宅戌刻過

廿四日癸卯快晴參番巳斜仁孝天皇御一周忌御法事帳献上屬于議奏飛鳥井黄門了

廿五日甲辰快晴

廿六日乙巳晴

廿七日丙午晴勢多會

廿八日丁未晴梅露元服行向辰刻傳聞今日元服加冠坊城前亞相理髮胤房朝臣參會池尻三位衣冠單公格朝臣衣冠單豐房衣冠單无饗膳歸宅掛陽明參上依明日御首服恐悅申置歸宅未斜

廿九日戊申陰雨到夕屬晴　陽明家若君績君加御首服給爲御出迎參上辰一点次第寫于別紙

加冠左大將輔熙　理髮實愛朝臣著座公卿

禁中大宮里齋扶持　勸盃

大宮大夫　新大納言

山科中納言　日野中納言

加冠引出物木地

右兵衞督　平宰相

加冠女裝束ヲ取

源三位中將

加冠前物陪膳　陪膳所役

信篤朝臣　延榮

同　同　理髮祿取

時萬　信睦　公健朝臣

勸盃瓶子取

光愛朝臣

扈從　大宮大夫　新大納言　山科中納言

右兵衞督　左兵衞督

殿上人

內府下車之時懸簾　取內府沓ヲ

實愛朝臣　隆韶朝臣

行光朝臣　胤保

勳光　　有仲
時光朝臣

巳半刻御出門自宜秋門御參（御出迎人々列門内）於神仙門前御拜舞次於清涼殿御對面自石靑門昇殿給（御對面之番可見）下庭上御拜舞次著殿上臺盤先是於御前賜禁色於直盧令箸（著カ）禁色給内々方ゝ御參御對面之後直ニ御退出次大宮（御出迎同前）於南棟門前御拜舞内々方ニ於テ御對面終直ニ御歸館（申刻）万福無闕滯恐悦之至也更參上賜饗膳門流之面々一同參上以諸大夫御礼言上終歸宅戌刻　今日進物之事依先例不進上（多分無進物之儀）

三十日己酉朝雨屬晴參番（巳刻）陽明參上依昨日御礼也

四月小

一日庚戌晴

二日辛亥晴般舟院參向新皇嘉門院二十五回御忌御逮夜也傳奏坊城前亞

相議奏橋本黄門奉行愛長朝臣裝束鏡命役者依奉行沙汰次衆僧進之鏡次入堂之鐘揔て如例附武家邊（マ）邊、取次才面會如例歸宅巳前

三日壬子快晴薄暑　新皇嘉門（院脱カ）・御法會　嚴君御參向

昨二日書落大宮御機嫌伺參入御帳依御年回也

四日癸丑晴

五日甲寅晴天細雨

六日乙卯曇天夕霽參番巳半刻陽明參上若君左近衛權少將　御推任剩闕恐悅之

七日丙辰晴

八日丁巳陰雨終日

九日戊午陰雨　學習所參入巳刻歸宅

十日己未曉天烈風雨

十一日庚申晴

十二日辛酉曇晴當番之處晝夜番代石山參詣
十三日壬戌陰雨夕霽辨內能見物
十四日癸亥
十五日甲子晴兎道遊覽同伴両三輩
十六日乙丑晴
十七日丙寅晴雷鳴詣于若王寺
十八日丁卯晴參番巳半刻　來廿一日　御拜領ニ付參賀献物之事祝申渡
十九日戊辰晴學習所參入大學寺島　午後勢多會
二十日己巳晴
廿一日庚午晴　御拜始參賀　禁中　大宮才也
廿二日辛未晴
廿三日壬申晴曇　入梅也
廿四日癸酉曇天暑氣增長　加茂祭依當番御揔參仕卯過奴袴著用辰刻出

御捴詰作于破禰（マヽ）馬外入御々後入魂退出（一人殘 申合）　更參内午前當番御前
御鬮拜領小御所也（御學問所依御修覆也）
近衛使　山城使
內藏使
老少將政季朝臣　介常敬（一条諸大夫 難波）
助重國（九条家 宇郷）
檢非違使
左少尉章甫（勢多）　右大志藤光敦（小佐治）
舞人
近廣　好良　行業　近抽
則賢　好學
傳奏橋本中納言
奉行光愛
廿五日甲戌陰雨終日八幡臨時祭也殘捴詰也（卯刻奴袴著用）　辰刻過

御禊出御揔詰同昨日且門府公御出迎也御里齊之處御斷申入於建春門
御出迎經御後門々（内カ）方に御參向巳下刻庭座被始依代始五献之處依雨儀
如平常但重盃公卿人取之舞御覽巳半刻過被始進發未一点於建礼門西
見物如例未半刻退出

使　　　舞人

宰相中將 定祥卿　　有容朝臣 左少將

俊賢朝臣 侍従　胤保 同　公述 同

俊常　丹波頼永

陪従　　加陪従

基安朝臣　　隆賢朝臣

公卿

内大臣 依右大臣替　右大將　一條大納言

山科中納言　　新中納言　　右兵衛督
平宰相
所役殿上人
政季朝臣　　公聽朝臣中院少將理替
雄光朝臣　　勳光　　長説
奉行　　御服
愛長朝臣　　高倉前亞相　　大藏卿
左衛門督　　八条三位
廿六日乙亥梅雨夕霽二条前左府薨去ニ付自今日廢朝三日
廿七日丙子陰天白雨微雷勢多會
廿八日丁丑晴
廿九日戊寅晴學習所會日論語大澤

五月小
一日己卯陰雨當番依陪膳巳刻參　朝御對面巳半刻
二日庚辰陰天屬晴勢多會　傳聞今日一条益麿加首服給加冠左大將理髮
正親町中將
三日辛巳晴
四日壬午晴
五日癸未晴曉降雨　參賀　禁中　大宮　殿下陽明等也聰丸初節句ニ付
內祝
六日甲申陰雨勢多會
七日乙酉陰雨夕雨霽參番巳半刻當番御前有盤將事
八日丙戌陰雨
九日丁亥陰天細雨學習講釋大學寺島
十日戊子陰天梅雨

十一日己丑朝晴降雨

十二日庚寅梅天初霽勢多會

十三日辛卯晴參番巳半刻近衞殿參上忠房君從衆　宣下恐悦也來廿四日
大宮に出御初被　仰出

十四日壬辰

十五日癸巳晴池水沽雜魚可掬

十六日甲午陰晴不定

十七日乙未陰天夕霽勢多會

十八日丙申晴

十九日丁酉晴參番巳半刻

二十日戊戌晴

廿一日己亥晴風吹夜甚雨如傾盆電光雷鳴

廿二日庚子晴

廿三日辛丑晴到晩降雨
廿四日壬寅陰雨
廿五日癸卯陰雨綿々參番巳半刻
廿六日甲辰陰天時々甚雨夜微雷
廿七日乙未陰天降雨勢多會
廿八日丙午陰雨綿々
廿九日丁未陰雨綿々學習所講釋大學丹波介申一点急雨烈風甚雷雨三聲

六月大

一日戊申陰雨
二日己酉晴自去廿四日到今日一日無晴今日斷屬晴參番巳半刻當番御前如例
三日庚戌晴藤三品亭史會
四日辛亥晴白雨微雷後陰雨

五日壬子晴

六日癸丑晴清涼

七日甲寅晴

八日乙卯陰天參番請取卯半刻

九日丙辰晴學習所講釋論語雅五郎　土用ニ入

十日丁巳晴

十一日戊午晴夕立

十二日己未晴

十三日庚申晴暑中見舞兩三家

十四日辛酉晴參番巳半刻宿退出左三位中將番代

十五日壬戌晴忠熙公右大臣拜賀爲御出迎參上卯半刻未刻過御出門殿上

先供實愛朝臣　隆韶朝臣　行光朝臣　實在朝臣　信篤朝臣　隆邑朝

臣　晴雄朝臣　勳光　資生　量衡　信睦

各下﨟爲先次諸大夫四位三人五位三人六位二人
扈役公卿新大納言光成卿　日野中納言隆光卿　新宰相中將公績卿　源三
位中將忠礼卿　左衞門督言成卿
於陽明門代下車給先是先供殿上人列立于置土東自下﨟進東上北面諸大
夫同列立西東上南面從建春門經床子座南殿　下進弓場給扈從先供人
南殿西階之邊ニ蹲居出迎之人々孔雀間之邊ニ群居申次頭辨拜舞給了
著殿上大盤給三公各出仕之上於晝御座御對面職事候于小板敷議奏近
習摠詰如例了著陣座給此道說明義門經南殿御後給復著公卿座給事有
歟猶可尋事終退出給於建春門外有出立之儀了於陽明門乘車給先是先
供人々加列前行今日大宮拜賀被　免之由也依直ニ御退出申半刻過歸
參以詣諸大夫恐悅申入須臾如例御祝酒拜領右府公今出座給御盃順流
之後令入給各了御礼申入退出亥刻過
今日左府尙忠公內府家厚公才拜賀無異儀云々

十六日癸亥晴傳聞　右府公御直衣始連軒八々
嘉祥御盃依所勞不參奏者所以使申入次議奏三亞相承知
今夜淸月無一点雲月見八々歡喜可知
十七日甲子晴
十八日乙丑晴夜　學習所參入大學寺島
十九日丙寅晴時々細雨　新淸和門一周聖忌御逮夜也嚴君御參向御法會如先規
二十日丁卯晴白雨微雷新淸和門一周聖忌也嚴君御參向　當番巳半刻參仕但般舟院御法會無異被爲濟言上之事　嚴君　大宮御代香ニ付直ニ泉山御參向也依之予言上殿下以諸太夫申入參　內議奏中申入加勢宰相中將承知也
廿一日戊辰晴夕立雷鳴藤三品亭史會

廿二日己巳晴
廿三日庚午晴
廿四日辛未晴當座
廿五日壬申晴夜細雨
廿六日癸酉陰雨當番巳半刻參仕今日伏見花火云々
廿七日甲戌陰天細雨
廿八日乙亥陰天夕立雷鳴澤邑會
廿九日丙子陰天夕立雷鳴　學習所講釋論語中沼
三十日丁丑晴

七月

一日戊寅陰雨夜甚雨
二日乙卯陰天甚雨澤邑會

三日庚申曇天降雨
四日辛巳晴參番巳半刻初番也
五日壬午晴當番
六日癸未晴
七日甲申晴晩來白雨微雷　乞巧奠如例
參賀　禁中　大宮　殿下　九条　陽明等也
八日乙酉晴
九日丙戌晴學習所講釋大學終寺島
十日丁亥晴昨今殘暑甚當番巳半刻參仕
十一日戊子晴白雨
十二日己丑晴殘暑酷
十三日庚寅晴
十四日辛卯陰雨風烈參賀　大宮　殿下　九条　陽明直ニ參番辰半刻一

同互ニ祝詞申述議奏役所參入嘉義申入次ニ以表使御礼御返答之後脫
袍如例今ハ無御前儀秉燭御燈籠供火如例献酬盃巡流統同先例數巡之
後發聲有興到五更斜各退朝予爲渡殘留不相變双頭番參仕大幸之至也
今日隨身初予催也已前第一四辻相公　談如左
肴物重組本九寸二重深方肴物次賓染　鯉魚六尾大尾　味噌重二重　鰻八寸重二
重　酒丹酒三斤上酒三斤　三ッ組盃二組　茶山吹半斤
今度人數減少ニ付如右商量了依所勞不參人々以書狀
肴物相遣六寸重議奏衆小四方組肴酒一瓶内々外樣物各小四方煮酒器物拂底ニ互ニ入魂是流例
非藏人肴物盛折數酒一瓶催具統毎闕如甚幸々々從御内儀如例酒五斤サシ
鯖蓮飯茅卷等朝出
天明後南殿邊遺物点檢之後受取申送了退出卯刻過
十五日壬辰陰天
十六日癸巳晴東山大字火如例當番々代晝中山少將夜八条侍從

十七日甲午晴
十八日乙未晴御靈神輿如例但御旅所依破損安鎭上御靈
十九日丙申陰天學習所講釋論語雅五郎
二十日丁酉陰雨微雷
廿一日戊戌陰天
廿二日己亥陰雨參番巳半刻
廿三日庚子陰雨
廿四日辛丑陰天微雷左少丞富園碁會
廿五日壬寅晴
廿六日癸卯晴朝澤邑會午後棲霞樓會
廿七日甲辰晴
廿八日乙巳晴當番々代河鰭侍從參仕
聰丸生日内祝

廿九日丙午快晴殘炎猶甚圍碁會今朝學習所書經中沼
卅日丁未快晴

八月
朔日戊申晴辰斜地震夜降雨
參賀　禁中　大宮　殿下　九条　上御靈社參詣巳刻過歸宅　太刀献
上如例
二日己酉降雨澤邑會
三日庚戌降雨暴冷
四日辛亥晴參番巳半刻無事
五日壬子晴陽明御引籠御見舞參申置諸太夫
六日癸丑晴秋冷加增
七日甲寅快晴朝露如霜

八日乙卯陰雨
九日丙辰陰天學習所論語雅五郎祭主富會史記
十日丁巳參番巳半刻今日御學問所御拂掃也兼日午半刻御用儀被觸且上丁也小御所出御如例候詰講師菅淸両流如例今日上丁奉詩無之是當御代和歌御會始末〔未カ〕被初故云々御拂掃未刻也始上段撤立具插拂公卿殿上人一同也御修覆後故惣て淸拂計也今度御殿替不可說事也御修覆終後石經幾日如此事出來恐懼之至言語同斷事也
十一日戊午陰天左少丞富碁會亥刻歸宅
十二日己未陰天
十三日庚申晴
十四日辛酉晴　大宮ゝ御增地被進候ニ付參賀　御所々々殿下
十五日壬戌晴傳聞今日放生會今夜月蝕四分
上卿　參議　辨

德大寺中納言　新宰相　資宗

次將左　右

隆賢朝臣少將　實德朝臣中將

陣上卿　權大納言

十六日癸亥晴參番請取

十七日甲子秋晴申奉幣御卽位等日時定陣之儀也

上卿　左大臣　執筆參議宰相中將

十八日乙丑晴御卽位日時御治定參賀　禁中大宮晝番代參仕

十九日丙寅晴學習院書經了三

廿日丁卯晴

廿一日戊辰晴昇大日山两三輩誘引

廿二日己巳晴參番巳半刻

廿三日庚午晴

廿四日辛未晴中黄門別莊行向
廿五日壬申晴夜甚雨藤祭主由奉幣發遣見送
廿六日癸酉晴傳聞昨日發遣上卿内府參議　左大辨宰相其余可尋　辨光
愛　奉行俊克朝臣
廿七日甲戌晴
廿八日乙亥晴參番巳半刻
廿九日丙子晴學習所論語丹波介

九月大

朔日丁丑晴
二日戊寅時々細雨然快晴
三日己卯快晴
四日庚辰晴番代參仕甘露寺大夫番代々秉燭退去

五日辛巳陰天今曉降雨當番晝番代卯半刻揔詰入魂傳聞今日礼服御覧晝御座書御奉行顯彰　參仕公卿　廣橋大納言　新大納言通理　日野中納言　德大寺中納言　平宰相

六日壬午晴　亡祖公一周御忌法會ニ操上昨今於松林院被行予不參依御神事中也昨日親服之人々招之事各斷來賓下地之面々計也大島須藤中島等參入

七日癸未晴依召參朝未半議奏加勢宰相中將被申渡御箱之銘染筆被仰付之旨也則下書料紙ホ被相渡二枚眞草両様可認旨也且紐之上或紐之中央迄掛テ認等両説猶近例聞合可然同卿被示則大宮大夫ﾆ示談之處四字位ハ多分紐之上ニ認由也仍書付相伺之處眞之方被仰付則書付如左御覧後退出被申添

料帋之

九十賀記

紐之印之

九十賀記

清書如此

八日甲申晴訪池前亞相別莊秋望尤好

九日乙酉陰天參賀　禁中大宮殿下九条巳半刻歸宅

十日丙戌晴

十一日丁亥陰天夜降雨當番例常揔詰卯刻參仕指貫著用辰斜出　御先破禰馬障子外ニ候次候落板敷如節會西上北面南殿於巽角御拜之後入　御候前處東上西面

　上卿　廣橋大納言　辨資宗　神宮上卿德太〔大カ〕寺中納言奉行俊克朝臣

十二日戊子晴

十三日己丑陰雨終日詣亡祖公御墓

十四日庚寅晴朝卯半刻御掃除也常御殿御修覆出來且依御卽位御疊替才之万端如例秉燭事終退出初更

十五日辛卯晴時々曇昨今厂氣

十六日壬辰晴
十七日癸巳晴參番巳半刻御卽位後式觸被出先例相尋之處今日觸之事無之御卽位御調度小御所東廂取集有之私ニ拜見了
傳聞今日關東使　出羽守上京大津宿ゟ入京行粧見物群參
十八日甲午晴橋本中將息元服退出掛爲悦行向
十九日乙未晴桂宮參上新造徙移之悦且亡祖君一周御忌ニ付賜物才挨拶也
二十日丙申
廿一日丁酉曇晴不定未後晴定　嚴君御代參仕晝計也
今日御卽位内見也式無所殘拜見今日御番代不參仕ては不能拜見當日ハ反て有惣詰御用旁今日參仕實大幸之至也　次第借受于甘露大夫寫別帋畢
廿二日戊戌晴

廿三日己亥陰晴不定天晴（明カ）降雨至巳刻曇不雨後属晴
御即位也出仕寅半刻卯刻揔詰近習一同也當番陪膳ニ付寅半刻出仕也
巳半刻出　御先候于破彌馬障子外近習非番之輩ハ以前候于南殿東北角礼服著御之後候南
廊如節會出御之後從御後著御于高御座之後候南殿東南角一二ノ間近
習本番所小番御免同所也狭少困窮御式拜見左侍從代礼畢作法了て前
番當番ォ亦候南廊如初後房代入御之後歸番所當番一同恐悦申上表使
今日御即位一事無闕如被濟恐悦大幸至也大床子出御當番揔詰指貫酉
半刻候破弥馬障子外
御陪膳　愛長朝臣益供　公前朝臣
資宗
　御即位參仕公卿
内辨　左大臣尚忠公　外辨　權大納言輝弘公　大宮大夫基祉　山
科中納言言知卿　宣命使大宮權大夫忠能卿　平宰相總長卿　擬侍從　公

利朝臣　行道朝臣　少納言　長煕朝臣　行光朝臣　典儀
爲政朝臣　大將代　雄光朝臣　時晃朝臣
親王左　季知朝臣　有容朝臣　實建朝臣
右　實愛朝臣　公恪朝臣　定功朝臣
行事辨　恭光朝臣　資宗
內記局　爲政朝臣
中務省　久隆朝臣
時申　晴雄朝臣
中將代左　將監季資
少將代　將曹淸生
中將代右　將監季資
中將代　將曹供壽
內記局　邦昌　中務省　職　字

內舍人　賀茂氏彥　中原景恕　藤原重房

平在照　菅祐之

式部省　少丞昌言　任賢　隼人司

開門　職保　重安　贊者

菅原邦久　源信善

燒香　菅原祐信　源義敬　生火官人　伴常久

佐伯國章

左衞門府　大尉章武朝臣　右衞門府　大尉宣弘

左兵衞府　大尉源義魚卿　右兵衞府　大尉平信敬

傳奏　三条大納言實萬卿

奉行　愛長朝臣

御服　高倉前大納言永雅卿　宮內卿行遠

御手水御陪膳　三条大納言

廿四日庚子晴參賀　大宮　殿下等也禁中昨日依當番更不參御卽位御敷設拜見雜人
群集數万人
廿五日辛丑晴　近習一同御礼也巳刻參朝未刻御學問所ニて御對面其義
年始雁間詰之通也今日御對面人々御卽位傳奏奉行御番御免等也
廿六日壬寅晴染筆賴處ニ行向
廿七日癸卯晴　傳聞今日關東使參　內前番當番揔詰也太刀馬代白銀三枚
到來
廿八日甲辰晴午半刻參　內依御用召兼日被觸御卽位ニ付金三方爲御祝
賜之於菊間女房被渡両人ッヽ
廿九日乙巳陰雨參番巳半刻且東使御暇參　內揔詰也出御未刻御裾頭辨
御劔中院少將揔詰如例
但出御御小御所東廂ニ候
三十日丙午朝降雨時々曇後屬晴

十月大

朔日丁未晴早朝改火沐浴　嚴君御服服也

二日戊申晴

三日己酉晴參朝未刻嚴君ゟ今日諸礼上乘院出仕ニ付見舞之事被仰越候追々參朝内見中也小御所御對面也未半刻御對面之事極﨟上院家第一ニ申入次第ニ參仕候于小御所西廊下相待暫而出御次第御對面上乘院退後付添歸諸太夫間直退出今日上院家面々御對面後直ニ退出也無御礼且退去之被申渡之事無之予退出申刻過

四日庚戌雨八三品當菊花宴戌斜歸宅

五日辛亥陰天属晴參番巳半刻

六日壬午晴

七日癸丑朝晴午後降雨　新田馬場遊行雨中難澁

八日甲寅陰天夜雨　嚴君御門出內說　大宮御參　御
今朝學習所講釋書經了三
九日乙卯晴
十日丙辰晴　嚴君御暇ニ付御所々々御參秉燭御退出更
違例御勝不被遊之由依申來也
十一日丁巳晴　卯刻過　大宮ゟ參入昨夜以廻文近習一同御容体可伺被
告示　御帳ニ　退出　辰半刻迄自正親町中將殿下御參之間早々參番
之事被告示直ニ參番也德大寺大納言被招　來十四日嚴君御發輿之處
御延引之旨御傳可申入被申渡依之早々以一封言上御答へ後御請之旨
同卿へ申入了今度御參向御延引雖無余義事誠以殘念千万用意調度各
出來至今日如此儀出來家僕驚動心中推察實以當惑何事如之哉
十二日戊午晴　大宮御機嫌伺參入御帳
十三日己未陰天時雨　傳聞今日　大宮門號　宣下參仕公卿　內大臣家

厚　權大納言輝弘　山科中納言言知　新中納言具集　新宰相中將公績

依召參內亥刻新宰相被申渡　新朔平門院御中陰御法事般舟院ニて被修行之旨被　仰出之由也傳奏中山大納言奉行藏人侍從同事被　仰出且崩御ニ付今明日中　禁中敏宮御機嫌伺之事

右能々乃御帳ニ付了退出

十四日庚申陰晴不定　殿下參入御法會被　仰出届也

十五日辛酉晴宿藏人右少辨番代參仕

十六日壬戌晴午半刻參　內　嚴君御名代今度新朔平門院崩御ニ付亮陰否哉　敕問之處　嚴君以一封御答被御進于本所之間御名代參仕也先陽明門入內覽之處無思食旨也直ニ參　朝屬于議奏加勢宰相中將直ニ退出

十七日癸亥晴參番請取辰刻參　朝

傳聞本所素服人々
右大臣忠熈　左大將輔熈
右兵衛督基延　勘解由小路三位光宙
（後日御斷息替朝臣）
安　三位泰聰　具慶朝臣
爲理朝臣　哲長
御葬送供奉已下各被　仰出後日記
十八日甲子晴
十九日乙丑晴　傳聞今夜　新朔平門院御入棺
御槨前之寫　嚴君令書給云々
二十日丙寅陰天
廿一日丁卯降雨終日
廿二日戊辰陰天
廿三日己巳晴參番巳半刻

廿四日庚午晴夜暖

廿五日辛未陰天暖晝暗ママ雷鳴雷光强聲三音

未刻參內依傳奏招也御凶事ニ付拜借金相願候之處今日被渡殿下両傳奏才行向巨細記御凶事留了

廿六日壬申晴初寒

廿七日癸酉晴

廿八日甲戌　晴參于殿下般舟院ゟ差出御法事附入內覽寫進上參　內属于凶事傳奉献上直ニ退出

廿九日乙亥晴參番午前無事

錫紵著　御被下御簾三ヶ日之間殿上人卷纓可然之旨　右府公被命之趣從廣橋亞相以廻文被觸

三十日丙子晴朝霜寒

十一月

朔日丁丑晴

二日戊寅晴

三日己卯陰雨暖

四日庚辰陰天暖

五日辛巳陰天暖參番巳半刻

六日壬午晴風寒

七日癸未晴天曉更淺雪初降

八日甲申晴

九日乙酉晴

十日丙戌陰天晩景降雨夜暖

般舟仮屋見分　秉燭依召參　內依執奏御用御中陰中小番役兎之旨三條亞相被申渡御礼如例表使　殿下當番議奏才行向歸宅酉半刻

十一日丁亥陰天降雨參番巳半刻
十二日戊子晴月明
今夜新朔平門院御葬送于泉涌寺
主上著御錫紵酉刻警固々關陣之儀辰刻六府之輩從今日開關解陣近（迄カ）卷
纓懸錫紵著　御ニ付三ケ日之間被下御簾殿上人各卷纓也於他所垂纓
陣之儀上卿　　　辨
遣令使　具慶朝臣　葬場使　實麗朝臣　山頭使　大江俊常
　御葬送供奉
右　大　臣忠熙公　　左　大　將輔熙卿
高倉前大納言永雅卿　　權中納言建通卿
中山中納言忠能卿　　右兵衛督基延卿
右衛門督正――　　源三位中將忠礼卿
安　三位泰聰卿　　允光朝臣

季知朝臣　　　　具慶朝臣
爲理朝臣　　　　公誠朝臣
隆声朝臣　　胤保　　爲行
資生　　哲長　　光德
夏長　　丹波賴永
十三日己丑晴參般舟院辰刻
參朝申刻卷纓　御葬送翌日且錫紵著御中等ニ付　御機嫌伺也　敏宮
御同般揔て御帳也
十四日庚寅晴　參于般舟院卯刻
十五日辛卯晴午後降雨參于般舟院
十六日壬辰降雨未斜属晴參于般舟院泉涌寺等
十七日癸巳晴曉天雨降參于般舟院
十八日甲午晴木枯風寒參于般舟院

十九日 乙未 晴天嚴寒參于般舟院
二十日 丙申 晴
廿一日 丁酉 陰晴不定參于般舟院
廿二日 戊戌 曉天强雨午後属晴　嚴君御參向
廿三日 己亥 晴嚴寒參于般舟院
廿四日 庚子 今日嚴君御參向
廿五日 辛丑 參般舟院
廿六日 壬寅 同
廿七日 癸卯 同
廿八日 甲辰 同
廿九日 乙巳 同

十二月大

一日丙午同小寒節
二日丁未晴參于般舟院今日晝七日之御法會疑參　內言上來六日小番一ヶ度被　免御礼如例參　殿下同上言上小番被　免御礼申入橋本黄門當行向依當番小番被　免御礼申入歸宅
三日戊申快晴
四日己酉快晴
五日庚戌快晴
六日辛亥晴寒風辰斜出火四條云々暫時而鎮火
七日壬子晴寺島稽古
八日癸丑晴
九日甲寅晴
十日乙卯晴薄雪寒寺島稽古
十一日丙辰快晴

十二日丁巳快晴飛雪參番巳半刻般舟院ゟ注進一紙　仁孝天皇御三回忌言上先參于殿下入內覽寫進上如例可取計旨也附屬于議奏橋本黃門献上

來年正月廿三日　新朔平門院御聖日般舟院御法會被　仰出之旨橋本黃門被申渡　今夜觸穢限子刻改火沐浴如例

十三日戊午晴飛雪粉々參于殿下御聖日被仰出之旨言上

今曉家內改火沐浴

十四日己未晴淺雪

十五日庚申晴

十六日辛酉晴今度在房敍爵申望ニ付一族七家如例所存爲相尋行向且中御門清閑寺予の上﨟而末家續無之仍別段ニ所存無之義相尋之處無趣意旨也陽明參上同樣相伺之處可爲勝手旨也依之小折帋入尊覽如左

上包　　　　申

博房男　　　從五位下

在房二歳　　藤原在房

奉書四折

奉書四折

在房（アリフサ）

家例

植房二歳

寶永三年十二月廿三日敍從五位下

一家例

豐房二歳

文政六年十二月十九日敍從五位下

參于　禁中屬于頭辨披露相賴之處領掌了

十七日壬戌晴初更在房從五位下　宣下之事被示先以幸甚々々請文差遣如

左

贇息從五位下之事　　在房從五位下之事

敕許共珍重存候仍　　敕許之旨謹畏奉

早々申入候也謹言　候也恐惶謹言
十二月十七日　愛長　十二月十七日　博房
万里小路大夫殿　愛長ヌ　博房
為御礼回參先　禁中表使　一條　陽明諸大夫　二條　飛鳥井　橋本　東
坊城　殿下　九條　廣橋　三條　甘露寺披露
一族親族中以使申入
十八日癸亥晴參番辰刻請取參仕且朝餉出御摠詰也さしこ破彌馬障子外
こ候如例日野柳原廣橋等依拜賀也　今日御配始金三百疋眞綿二把拜
受也
十九日甲子御取置也殘居御學問所上段掃除如例巳刻過入魂退出前番之輩入魂退出依例也
二十日乙丑晴
廿一日丙寅晴

廿二日丁卯晴
廿三日戊辰快晴冬暖堀川元服行向
加冠高倉前大納言　理髮勳光　三品出會
廿四日己巳因御揷挿寅刻過參　內万端如例當番衆直一同退出戌下刻從
今夜三ヶ日廢朝依仁和寺宮薨去也
廿五日庚午晴夜來薄雪降出火遠火
廿六日辛未
廿七日壬申晴飛雪粉々
右大辨宰相愛長拜賀予爲附添行向辰刻連軒息朝臣先陽明門代建春門
和德門等ヲ經て渡御後立弓場極蔵申次了拜擧之後入無名門附殿上其
後參于內々方御礼天盃等了今日御對面之儀ナシ直ニ退出經御後出左
靑璅門入宣仁門著宜陽座了著陣直ニ退出歸路如始左ニ向九條富之番
依雪氣拜被免之由也仍門前車立寄其儘退出　今日葉拾遺藏人新補

拜賀進退尋可記
廿八日癸酉晴
廿九日甲戌晴依召兼日參　內之處小番不闕御褒美拜受白銀一枚於菊間被
渡二人宛御礼第一ニ申入表使如例退出伺殿下參上同御礼也
三十日乙亥晴當番巳刻式觸有之歳末御祝義御帳雖當番御帳依例也退出子刻

萬里小路日記

五、六

爲嘉永元

弘化五年從正月到十二月

雜記

正月

元日丙子　四海泰平萬福幸甚々々快晴風光新拂曉沐浴神拜祝儀如嘉例出門辰刻囘礼數軒參于陽明中將殿御出迎之事兼日賴來辰半刻御出門先而參　内如例長橋祝儀終之後御對面直ニ御退出未刻

傳聞今曉四方拜無出　御奉行俊克朝臣御劔實麗朝臣申半刻參　内殘揔詰也指貫臨期無出　御

公卿

陣後早出左大臣尙忠公　臨期不參内大臣輝弘公　陣後續内辨廣橋大納言光成卿　新源大納言通理卿　陣後早出一條大納言忠香卿　一獻早出四條中納言隆生卿　德大寺大納言公純卿　両謝了早出新中納言爲顯卿　御酒敕使役終御早出右衛門督正―卿　左大辨宰相光政卿　宣命後雜事新宰相中將公績卿　両謝終早出三位中將家信卿　刑部卿信好卿　新侍從三位艮芳卿

少納言　辨

宣諭朝臣　資宗朝臣
次將
左
基貞朝臣　有容朝臣　秀知朝臣
雅典朝臣　隆賢朝臣
右
實愛朝臣　公前朝臣　重胤朝臣
通熙朝臣　定功朝臣
戌刻陣被始著陣人々下殿
左　大　臣　二條大納言　四條中納言
左大辨宰相
節會無異儀續内辨依初度飯汁已下催各自下殿催之但至立樂与奪于左
大辨宰相云々嚴君御酒敕使御作法終御早出予同歸宅子刻過

今日奉行　俊晃朝臣

二日丁丑晴　春色新　參番辰刻依大床子御膳出　御也午半刻出　御候于破爾馬障子外如例未刻過於御學問所武傳小番御免等御對面當番詰鴈間如例

今夜御盃出坐戌半刻被始　天酌一献末廣拜受

三日戊寅晴霞曇回礼數軒

四日己卯晴

五日庚辰快晴　回礼數軒夜雪

六日辛巳續雪深猶粉々午後霽

七日壬午快晴雪消

白馬節會公卿

一献敕催早出左大臣尚忠公　臨期不參内大臣輝弘公　一献後續内辨源大納言基豐卿　三條大納言實萬卿　臨期不參左大將輔熙卿　新大納言忠能卿　二

献早出日野中納言隆光卿　二●早出德大寺中納言公純卿　宣命使右兵衛督
基延卿　御國敕使新宰相聰長卿　雜事錄所右大辨宰相愛長卿　舞妓拜了早出
式部大輔爲定卿　右三位中將公睦卿　宮内卿行遂卿

少納言　辨

時晃朝臣　光愛

次將左

基貞朝臣　實嗣朝臣　實建朝臣

爲理朝臣　忠愛朝臣

右

實德朝臣　公正朝臣　具慶朝臣

隆晃朝臣　通富朝臣

焰燭殿上人

實在朝臣　基散（敬カ）朝臣　定國朝臣　豐房　隆詞　宗礼

今日節會臨期無出　御依雪雨儀也左右大將不參　內辨勤之無加署之
儀內敎坊公卿別當不參續內辨勤之於弓場奏聞如例秉燭節會終公卿退
出不取松明
八日癸未晴　參番辰半刻依阿闍梨參　內揔詰之　無出　御
九日甲申快晴　殘揔詰巳半刻參仕依各不參退出午半刻歸宅掛回礼両三
軒
十日乙酉快晴和暖
十一日丙戌快晴和暖黃鳥囀
十二日丁亥曇夕雨夜更朧月長閑也
十三日戊子晴
十四日己丑晴霰降更寒　參番辰半刻依揔詰之今日臨期御對面ナシ
十五日庚寅晴　右府公年始御礼御參ニ付爲御出迎參上如元日巳半刻差貫
午刻御出門長橋車寄ヨリ御參今日無御對面卽刻御退出

十六日辛卯晴更寒　參　朝巳半刻十一月大嘗會被　仰出參賀殿下同參
上　新黄明（門カ）拜賀爲悅行向
傳聞内大臣輝弘公拜賀扈從
殿上先駈　公利朝臣　實紀
踏歌節會公卿
左大臣尚忠公　内大臣輝弘公
源大納言基豐卿　新源大納言通理卿
山科中納言言知卿　飛鳥井中納言雅久卿
新　中納言聽長卿　宰相中將定祥卿
左大辨宰相光政卿　新宰相中將公績卿
大藏卿治資卿　侍從三位宗弘卿
太宰大貳豐輔卿
少納言　辨

爲政朝臣　恭光朝臣
次將左
基貞朝臣　季知朝臣　實城朝臣
忠房朝臣　實良朝臣
右
實愛朝臣　實麗朝臣　定功朝臣
通富朝臣　資敬朝臣
奉行　光愛

十七日壬辰晴　般舟院差出　新朔平門院御百ヶ日御法事附殿下入內覽之處無思召之間如例可及披露之旨也直歸宅以使當傳奏中山家差出之處役所二通相添落手畢

中半刻依　召參　朝飛鳥井黃門被申渡來月五日六日仁孝天皇三回聖忌御法會於　般舟院修行先例之通可及旨也尤御經供養ニテハ無之旨

也畏承退出直ニ殿下參入右被　仰出候旨御屆申上申置歸宅
十八日癸巳降雨　般舟院召寄申渡如昨日　依得自在院遷化自明日三ヶ
日廢　朝也今曉觸到來
十九日甲午晴
二十日乙未晴　當番巳半刻參　内
廿一日丙申晴　殘捴詰參仕巳半刻殿下參上仁孝天皇三囘聖忌御法事附
入内覽如例終附屬于議奏献上橋本黃門落手同役附一通任使奉行藏人
辨江遣候事落手今日法事參内無
御對面歸宅未半刻
廿二日丁酉晴　參般舟院辰刻　新朔平門院御百ヶ日御逮夜之御法會如
例記別記了歸宅午半刻
廿三日戊戌晴飛雪風
廿四日己亥晴

廿五日庚子晴時々曇又晴

廿六日辛丑晴　參番巳半刻

廿七日壬寅晴　山門敎王院今日爲當家猶子

廿八日癸卯晴　出納息加元服　家君令加冠給兼日願出祝酒吸物紙數

廿九日甲申晴

二月

朔日乙巳快晴

二日丙午快晴　從今日奉爲　仁孝天皇三回聖忌五箇日被行懺法講

傳奏　日野中納言隆光卿　奉行　資宗朝臣自第二日光愛

共行公卿

右大臣忠熙公　源大納言基豐卿

山科中納言言知卿

散華殿上人

實愛朝臣　理公前朝臣　定功朝臣　基敬朝臣

經之　勝長　公述

伶倫

三條大納言實萬公　理新宰相中將公績卿

源二位豐仲卿　宮內卿行遠卿

新三位中將師季卿　替公健朝臣

今日葩献上之事兼日囘文カ天到來以使奏者所江献上如入朔　公卿二十片

殿上人十伍片檀帋上包白青水引

用、中臺

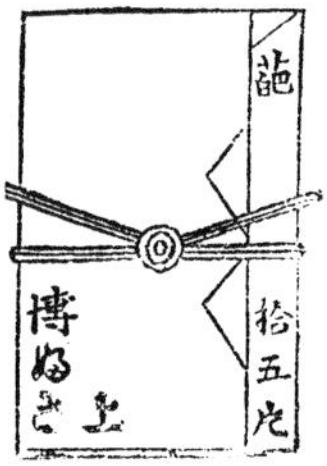

三日丁未晴餘寒更嚴　參　朝揔詰奴袴正卯刻右府公御出迎之事兼日被
仰付御參之節宜社秋カ門御出迎如例　平唐門ヲ入給月華門ヲ經テ自弓場
入無名門給殿上小板敷ヲ昇給テ內々方江令參給辰刻御講被始於畏間
聽聞公卿廂殿上人簀子午前朝座終午半刻夕座被始未半刻終
御講次第先出御簾中次公卿著座次僧侶參進伽佗之間殿上人賦華筥先
佛前次御料藏人頭取之傳大臣大臣献上次衆僧次第ニ殿上人六人交賦
終退入御講修終撤華筥先佛前五位殿上人次御料同初次大臣料五位殿上人
自餘六位撤元終退入次僧侶退出次公卿夕座亦同
四日戊申晴　卯剋陪膳兼日被觸且昨日當番之輩巳刻可參仕被觸次第如
昨日因中日伶倫有奏樂陪膳入魂退出未半刻
五日己酉時々飛雪　參于般舟院卯刻布衣奴袴
仁孝天皇三回聖忌御逮夜也奉行藏人侍從著座公卿久世前大納言　四
條中納言　石井宰相　散華殿上人八條侍從　石山左京大夫　新藏人

議奏加勢宰相中將　武傳坊城前亞相今日御法會弥陀三昧導師般舟院如例無異被爲濟退院巳半刻直ゝ向泉山詣弘化御廟暫時御法會聽聞退出未刻

六日庚戌雪餘寒　般舟院　嚴君御參向御法令（會カ）次第如例云々　御織法講詰日也陽明御出向參仕卯刻參　內如二日朝坐早懺法巳刻前終正午刻夕座被始散華進退如日々但初中結束帶自餘衣冠或直衣單也衣冠目誌別記申刻各終退出申半刻退出掛殿下參上昨今御法會無異被爲濟御屆也

七日辛亥晴

八日壬子晴

九日癸丑晴　參番巳半刻御年玉御烟草入拜受如例

十日甲寅曇晴　廣橋亞相拾遺等故障見舞行向

從陽明御講御參御出迎爲御挨拶鵜亀伊丹一斗壹樽拜受畏御答申入後日御礼參入

十一日乙卯快晴和暖春色新　陽明參上昨日御礼也
十二日丙辰春雨
十三日丁巳陰天
十四日戊午晴　學習院講釋始辰刻
論語　勘ケ由小路前大納言　尙書　東坊城中納言
孟子　寺島丹波介　詩經　牧　善助
周易　大澤雅五郞　春秋　中沼　了三
孝經　岡田　六　藏臨期不參
一聽衆難解章隨意可有質問事
其儀於講席無遠慮到講師之前可被質問事
其說有信服者他日就其講師之塾隨意可有學問事
十五日己未晴　參番辰半刻今日關東使畠山長門守酒井若狹守同伴參
內揔詰也午刻過出　御御裾頭辨御劔實愛カ受朝臣

十六日庚申晴　上申因御講中今日被行　春日祭也今朝神事因昨夜當番社參如例　鎮守神供如例
上卿　山科中納言　辨　恭光朝臣
十七日辛酉降雨
十八日壬戌陰雨　和歌御會始參　朝辰剋過奴袴　懷帋屬于奉行飛鳥井黄門落手即刻退出
十九日癸亥晴晩景雨今曉寅刻地震
學習所講釋書經講師中沼了三讀師大澤雅五郎
二十日甲子陰雨
廿一日乙丑晴　參番巳半刻　新宰相通季拜賀於御學問所御對面當番詰如例申次俊克朝臣
廿二日丙寅晴　傳聞今日輔熙卿內府　御內意云々
廿三日丁卯晴　寺島稽古

廿四日戊辰晴

廿五日己巳曇天暖早櫻開桃花笑

廿六日庚午暖雨　夜有光物云々

廿七日辛未曇天晩來快晴　參番受取參仕

廿八日壬申陰天　今日改元定也參賀　殿下同參上

參仕公卿

左　大　臣尙忠公　　權大納言基豐卿

日野大納言隆光卿　　中山大納言忠能卿

山科中納言言知卿　　菅　中納言爲顯卿

新菅中納言聰長卿　　新　宰　相通考卿

左大辨宰相光政卿　　右大辨宰相愛長卿

今朝被行條事定參陣人同改元執筆左大辨宰相辨恭光朝臣參仕次第記

別帋了

改元勸〔勘カ〕進號

天久　萬安　嘉政　大元　萬寧

爲定卿

延祚　嘉德　嘉永　萬延　永寧

以長卿

嘉延　寛祿　文久　明治　至元

長熙卿

天佑　嘉亨　萬保　爲政朝臣

難陳七號

明治　萬延　大元　嘉延　嘉永　永寧　天久

上卿　判奏聞二號　嘉永　天久

勘文引文并難陳詞等記于別帋了

今日改弘化五年爲嘉永元年

廿九日癸酉陰雨　學習所講釋
論語公冶長扁至中間讀師寺島丹波介講師大澤雅五郎
三十日甲戌晴

三月

朔日乙亥快晴
二日丙子晴
三日丁丑曇天細雨落日僅照夜又甚雨
參賀　殿下陽明等同參入且鬪鷄献上令入魂綾小路侍從了家僕一人差遣
候事
今日當番々代越後權介被參仕陽明御內儀參入御雛人形拜見　右府公
御對面種々恩賜
四日戊寅陰雨　參賀御拭眉恐悅也御祝酒拜領

方金二百疋爲御祝儀拜受揔第一ヨリ番々頭傳之各拜受
五日己卯晴　隨資番代參仕秉燭退出
因幡堂開帳被修法會奉行資宗朝臣
著坐公卿
權大納言基豐卿　姉小路中納言公遂卿
右兵衛督基延卿
御誦經侍　樂行事
隆賢朝臣　爲理朝臣　定功朝臣
堂童子　執綱
公香朝臣　勳光　有仲　俊常
執蓋
源常德
導師　長吏宮有賜御使近習殿上人資生被行向　今日法中參　內巳半

刻揔詰之先小御所出御前當揔詰如例　次御學問所當番揔詰其御道自
小御所還御自雪蘇鉄杉戸入御中段御坐著御御劔御裾候雁間南面東上還御
御道亦同其已前揔詰退坐候于廊下
六日庚辰陰雨　寺島稽古
七日辛巳陰天
八日壬午晴
九日癸未陰雨終日　參番巳半刻
十日甲申
十一日乙酉　澤邑會晩景歸宅
十二日丙戌陰天巳後快晴　祭主齋行向酉斜歸宅
十三日丁亥快晴
十四日戊子快晴
十五日己丑陰雨　參番巳半刻

十六日庚寅陰雨　嚴君御門出給內祝如先々
十七日辛卯陰雨午後屬晴　勢多會自今日三ヶ夜神樂
十八日壬辰晴　今夜御神樂有祕曲之儀云々基延卿勤之
十九日癸巳陰雨
二十日甲午晴
廿一日乙未晴、午後陰雨　參番巳半刻內府拜賀晝ノ御座御對面巳刻總詰
差袴午半刻御對面如例直ニ御退出之
內大臣輔熙卿拜賀扈從人々因家例各連軒也
廣橋大納言光成卿　德大寺中納言公純卿
左大辨宰相光政卿　資宗朝臣
爲理朝臣　通善朝臣　時晃朝臣
哲長
地下先駈二十人云々

廿二日丙申陰雨　學習所講釋去十九日因御神樂御延引

論語公冶長扁讀師中沼了三講師大澤雅五郎

廿三日丁酉晴

廿四日戊戌快晴　正三條宰相中將拜賀行向申置勢多會

廿五日己亥晴

廿六日庚子陰天細雨

廿七日辛丑晴又曇　當番晝番代越後權介參仕宿參勤

廿八日壬寅曇天　東照宮奉幣使發遣日時定陣之儀上卿　中山大納言　奉行藤―公御忌月ニ付　天授院使者相遣如例年

廿九日癸卯晴

四月

朔日甲辰快晴　嚴君日光奉幣使御出立卯半刻於淸和院門外御見送如先

例家內同樣　爲御見送一族近親人々入來饗應了各退散辰半刻
右大辨宰相　堀三品　藤三品
裏右中丞　平藝州　葉拾遺
中太夫　坊大夫　裏左武衞
二日乙巳快晴　今日家傳介注進奉書四折
博房男
母森故伊豫守長義女
藤原在房アリ
弘化三年七月廿八日誕生二歲
同四年十二月十七日敍從五位下
正房
博房
無註進之儀

右屬于坊城頭辨之處落手畢
三日丙午晴薄暑　勢多會秉燭歸宅
四日丁未晴　參番巳刻
五日戊申晴又曇　聖廟參詣歸宅掛去一日御見立入來人々へ兩軒爲挨拶行向
六日己酉陰雨終日　今曉自加納驛御書到來御旅中平安幸甚々々　禁中御機嫌伺御書一通廣橋齋相遣之處落手畢幷陽明知門等同相達今夕御返書著出大津迄相達了
如例　鎭府神供捧之了
七日庚戌陰晴不定　勢多會巳半歸家明日　唐崎參詣御暇相願如例議奏新菅中納言承知
八日辛亥陰雨　昨日御暇依雨儀願下八拾遣〔遺カ〕三左金吾入來
九日壬子晴　學習所講釋

論語雍也篇講師寺島丹波介讀師大澤政五郎

十日癸丑　參番巳半刻

十一日甲寅曇天　內祝藤祭主勘中書等入來

十二日乙卯陰雨晩霽　唐崎明神參詣昨口御暇相願如例両三輩同伴泥途

難澁亦一興也

十三日丙辰晴

十四日丁巳快晴　寺島稽古

十五日戊午快晴

十六日己未陰雨　參番請取卯半刻宿番代退出酉刻

十七日庚申陰雨

十八日辛酉快晴　賀茂祭也辰半刻進發

近衞使

右權中將實麗朝臣車傘　伊勢海与藻貝盡　磯馴松洲濱形

十九日壬戌快晴　學習院講釋
書經自皐陶謨末册到益稷講師中沼了三讀師大澤雅五郎　勢多會歸宅申半
二十日癸亥晴　熊野大權現參詣并梶井天神等也
廿一日甲子晴
廿二日乙丑晴夜雨　參番巳半刻
過日從般舟院差出處之新清和院御三回忌注進書付入内覽寫進上如例
屬于議奏橋本大納言献上
廿三日丙寅快晴　自壬生驛御書到來御旅中無異大幸之至々　禁中御機
嫌伺御書議奏第一廣橋方へ相達落手畢　明日大井河御越ニ付內祝
廿四日丁卯快晴　參賀巳刻右大辨宰相見舞申入
大嘗會國郡卜定也參陣公卿
內　大　臣輔熙公　廣橋大納言光成卿
中山大納言忠能卿　德大寺中納言公純卿

執筆 右大辨宰相愛長卿　新宰相中將實愛朝臣
巳半刻被始次第記于別帋了　奉行俊克朝臣
卜定參仕
卜部新侍從三位良芳卿　中臣
卜定卜部已下座西上北面

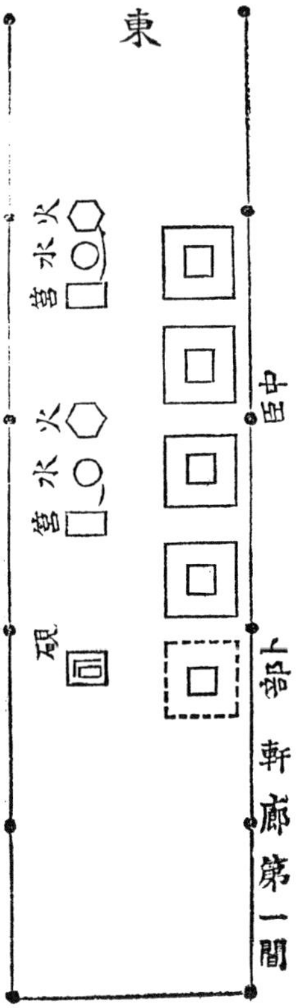

卜介奏聞返給之序仰檢校幷行事辨等
權大納言基豐卿　姉小路中納言公遂卿

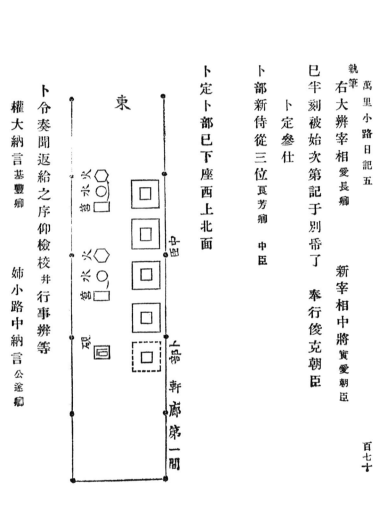

新中宰相有成卿
行事右中辨恭光朝臣　左少辨光愛
廿五日戊辰快晴午後曇　聖廟參詣　午後勢多會
廿六日己巳曇天
廿七日庚午陰雨　陽明家月次詠進了
廿八日辛未曇天屬晴　今朝自見附宿御便有之大井川無異ニ御渡川之由
也依之來月一日御歸京之由申來
參番巳半刻無事
廿九日壬申申晴時々曇未後快晴雷鳴微動云々予在大津不知之今曉寅刻
自桑名先著之者到著也依之退去卯半刻御暇相願如例議奏廣橋亞相承
諸出門辰半刻巳半刻到大津壹本陳肥前屋長刑部爲御迎到來午斜
嚴君御歸著御旅中無異殊ニ川文等無之實幸甚之至也　申半刻御暇賜
歸宅亥刻

五月

朔日癸酉晴

卯半刻　嚴君御歸著爲恐悅平三品入來饗應任先例

二日甲戌晴　從今日御土產夫々分配

三日乙亥陰雨　嚴君御當番之處被免

四日丙子陰雨

五日丁丑陰雨兒霽　參賀　禁中御帳殿下九條陽明今日當番々代晝越後

權介宿阿拾遺傳聞今日吉田社正遷宮日時定陣儀云々來八日亥刻

上卿　廣橋大納言　辨　光愛

奉行　俊克朝臣

六日戊寅快晴　正遷宮ニ付自今晚　禁中御神樂也

七日己卯陰雨　勢多會

八日庚辰曇天細雨漸霽　今夜亥刻

吉田社正遷宮沐浴神拜不構神事
　參向辨　俊克朝臣
九日辛巳晴電雨
學講書經益稷篇講師中沼了三讀師寺島丹波介
十日壬午快晴　入梅
十一日癸未陰雨　參番巳刻關東使酒井若狹守參内前番當番辰半刻揔詰
也小御所出　御午下刻如例御裾長順御劔通熙朝臣
十二日甲申陰雨
十三日乙酉陰雨　勢多會
十四日丙戌陰天濛然
十五日丁亥晴　今宮祭也爲見物詣福大明神社
十六日戊子快晴
十七日己丑快晴　參番午前召于御前圍碁御遊

十八日庚寅晴

行叓所始日時定陣辰剋自昨夜到今申刻　御神叓也

上卿　權大納言基豐卿

辨　恭光朝臣　光愛　奉行　俊克朝臣

小除目敍任也

上卿　權大納言基豐卿　參議陣執筆

左大辨宰相光成卿

辨　奉行　俊克朝臣

權中納言　藤原正房　大膳權大夫　平信篤

同　家信　右京權大夫　源通致

參議　同　宗弘　勘ヶ由次官　藤原定輯

同　基貞兼　檢非違使別當　同　光政

左大辨　同　愛長兼　近江權守　同　公績

右大辨　同　俊克兼　介　同　實建
左中辨　同　恭光　權介　同　基佑
右中辨　同　資宗兼　權大掾　同　義暉
權右中辨　同　光愛兼　丹波權守　同　實愛
左少辨　同　胤保兼　介　同　公恪
右少辨　同　長順兼　權介　同　實知
侍從　同　公聽　權大掾　菅原貫一
　同　經之　右衞門督　藤原光政兼
兵部大輔　同　紀季　從一位　家厚
刑部大輔　同　康隆　從三位　實愛

十九日辛卯晴　學習所講釋
論語述而篇　講師　大澤雅五郎　讀師　中沼了三

二十日壬辰晴細雨須臾晴

今日御樂始也　嚴君御參之處同未拜賀稱御所勞御不參也
廿一日癸巳晴時々曇　嚴君御奏慶明後廿三日御伺之通被　聞食因之一族親類夫々相達了
廿二日甲午陰雨　明日御奏慶ニ付一族人々入來
吉書御覽辨作法等御習礼有之各亥刻ニ退散
廿三日乙未天晴　當番晝夜番代
嚴君權中納言御奏慶也兼日令陰陽師若杉小允日時勘進并御直衣始今日巳刻也爲扈從胤房朝臣左兵衛權佐入來其外一家親族追々入來請客間饗應如例
刻限胤房朝臣著客亭座其儀中門ヲ入テ昇南階客亭入西端著座東上北面次　嚴君公出坐給女房二人褰簾次予下裾入中門昇南階一揖東折入客亭西端著ニ予胤房朝臣次ニ一揖操裾安坐次家司山科大監物覽御著陣同時勘文其儀候簀子　嚴君御氣色之後參進覽之留文返給空筥家司退次予一揖起坐降南階一揖列中門外次胤房

朝臣起坐同列立中門外次御反閉陰陽師參進（若杉小允）其儀入中門客亭東上庭前ニ立テ作法客亭垂簾（東方南面）嚴君令立此内給作法終退出中門外次　嚴君下南階給予献御沓（前駈上﨟傳之）復本列次出中門給揖胤房朝臣給予降列蹲踞過給後從御後取裾奉之　御乘車之時予褰簾右方家司扶之左方取御沓授先駈上﨟次胤房朝臣乘車次予乘車到陽明門代下車給已前予下車御沓如前（蹲居不褰簾取次御裾奉之）次　嚴君入陽明門南間經置路給胤房朝臣予等同入南間從御後（置路右方）前駈畢入北間同御後（右方）車副以下留門外置路於中央下裾給暫御徒ノ後取之奉次入左衛人陣經宣陽和德左青鎖宣仁等門階下令立弓場給胤房朝臣予附添人々入日華門從軒廊邊從其跡次藏人出逢奏事由給復命之後御拜舞終經殿上令參　內々方給胤房朝臣已下出月華門予取殿上沓脫御沓傳先駈昇高遣戶相隨於內々方天盃御對面等アリ但今日御用有之無御對面以表使御礼被仰上之後御退出降殿下第二間給予御沓ヲ献廻入月華門相隨經御後（予附添人々胤房朝臣各相隨）出

左青鎖門於宣仁門外間時給次令著宣陽殿座次著左仗座先奥次徙端座給外記參入有御告書御覽之事次辨長順參仕各了經宣仁敷政等門御退出於陽明門代御乘車隨從如始次可參陽明給之處兼日被免依之直ニ御退出於南門外御下車献御沓取御裾如始次於中門内拜　母堂給其儀東間垂簾両方家司申次復命之後御二拜次令入内々方給先是東間褰簾置之予取御沓授先駈了退出中門入内方今日御奏慶一事無闕滯實農但シ加護幸甚之至也

嚴君御衣躰

御袍 興唐　　御襲 遠麥（本ノマヽ）　　御裾 遠麥 一丈二尺

御單　　御半臂　　御表袴

御大　　韈　　御石帶 有文巡方 平松家所持

御劔 蒔繪螺鈿 同上　　御平緒 紺地蓬萊山 傳來古物

御 崇恩院公ヨリ傳來古物　　御帖 白檀帋 御繪扇

予衣躰
袍輪無 下襲裾五尺 單 表袴有チメリ
奕口 韈 石帶犀角丸物 笏 帖 紅帋夏扇赤地白以下 前駈三人 山科長門
守 山科監物 山科筑後守各束帶如例 雜色八人各花田上下黄單平礼 予雜色四
人各萌黄上下紅單 小舍人童蘇方黄單 車副白張上下平礼白單乱誌 調度掛萌木水干白單狩胡籙重籐弓
　御直衣始也巳半刻御參白御單御著用也前駈山科大監物雜色六人
廿四日丙申快晴
廿五日丁酉快晴
廿六日戊戌晴
廿七日己亥晴 勢多會 今未刻次男平產幸甚々々
廿八日庚子
廿九日辛丑曇天時々降雨 當番卯刻參仕陪膳之事兼日被觸
　於內々方能 御覽也因 御代始風流開口等有之

三十日壬寅晴陰不定時々降雨　後朝御能也戌刻早出

六月

朔日癸卯晴　下賀茂社參便競馬見物申半刻終歸宅

二日甲辰陰雨頓雷　勢多會

三日乙巳晴

四日丙午陰雨

五日丁未陰雨　參番巳半刻

六日戊申陰雨

七日己酉陰天　今曉寅斜　聽丸卒去依之無服暦三日且混穢居萬端如前々

武傳奉書四ッ折　相番同四折　近衛殿御屆同

一族親類方各風聽十六（本ノマヽ）卯執奏池尻三位江与（本ノマヽ）奪玄關使者間已下敷毛氈表門閉敷新薦

鎮守張注連縄莚圍其外神社各閉戸

武傳届書各代筆

嫡男今日卒去候依之無服腸三日尤令混穢候穢之限追而御届可申入

候也

六月七日　　　　博房

三條大納言殿

坊城前大納言殿

相番惣番頭久我兼帶也仍別ニ不申入各當名俗書也

自來十一日小番依混穢令不參候猶出仕之節自是可申入候也

六月七日　　　　博房

近衞殿御届

嫡男今日卒去候依無服腸三日尤令混穢混穢之限追可申入候仍各方

迄御届申入候也

六月七日　　　　　　　　　　　　　　博　　　房

近衞殿諸大夫御中

八日庚戌晴　今夜亥刻入棺

九日辛亥陰雨

十日壬子陰天屬晴　今酉刻葬送淨華院戌刻無事改相濟

十一日癸丑陰天晩晴涼風

十二日甲寅陰雨

十三日乙卯風雨終日　墓參

十四日丙辰陰雨

十五日丁巳快晴

十六日戊午快晴

十七日己未快晴

十八日庚申快晴　墓參

十九日辛酉快晴　土用ニ入清暑快然
二十日壬戌快晴　昨今於　般舟院
新清和院三回聖忌御法會被修行爲執奏代池尻三位被詰候兼日賴置所
也清掛家來一人左京大進任例相撰墓參圓通寺參詣
廿一日癸亥快晴
廿二日甲子快晴　墓參
廿三日乙丑快晴
廿四日丙寅快晴
廿五日丁卯晴雷雨　自去十五日到今日無一滴雨可謂甘雨度也
廿六日戊辰晴遠雷
廿七日己巳曇天微雷
廿八日庚午曇天細雨
廿九日辛未快晴　墓參

從來月小番詰改ニ付相番聞合不參廻文更差出如左
從來月一日小番依混穢令不參候猶出仕之節自是可申入候也
博房
相番連名無神宮神事等之人各觸遣了
自番頭忠能卿相番之人々內々爲心得被參間違延引ノ旨斷也

七月
一日壬申快晴
二日癸酉快晴酷暑武傳穢限屆如左陽明同御屆申入
來十日穢限候仍御屆申入候也
七月二日　博房
三條大納言殿
坊城前大納言殿

三日甲戌快晴
四日乙亥快晴　詣于在淨花院先祖代々御廟如例年
五日丙子快晴　芳顏院中陰引上今日盡七日也寺門法事無異修行安堵之
至也
六日丁丑快晴　初月忌追善幷塔供養等今日修行了
七日戊寅快晴微雷
八日己卯快晴
九日庚辰快晴　未頃地震　墓參
十日辛巳　今日穢限也
十一日壬午快晴
今日忌明出仕無服暘之後混穢計也仍不及除服披露之儀直ニ出仕但御
機嫌伺也指袴著用議奏表使等如例陽明申置御使御風殿下申置等參上直ニ歸宅
早朝清祓雲州入來玄關已下撤却毛氈開門掃除復尋常鎮守園撤却插掃清

祓了
出仕ニ付相番以廻文申入
　自明後十三日小番令出仕候仍申入候也
　　七月十一日　　博房
　相番交名
其外引籠見舞入來音物之所々以使挨拶申入了
今朝御目出度事御盃之事被觸不參以使申入如例
晩來鴨川邊納涼戌斜歸宅
十二日癸未快晴白雨十粒計降　御燈籠献上如例依明日御日柄今日献上了
十三日甲申快晴雷雨快然參番巳半刻出仕後初番也
宿野少將　番代退出
十四日乙酉晴微雷細雨　中元双親番參仕觀(歡カ)喜之至也參賀　殿下九條陽明等參上直ニ參番万端如例今日催飛鳥井拜林也渡八十遺也歸宅寅半刻

十五日丙戌晴　佛供如例
十六日丁亥晴　東山大文字火殊明也
十七日戊子晴　引籠中見舞之面々爲挨拶行向
十八日己丑晴微雷微雨
十九日庚寅快晴　當番因所勞不參
今日因吉辰格丸神詣了誕生後初度也
二十日辛卯晴　鴨川邊納涼
廿一日壬辰晴　勢多會
廿二日癸巳晴
廿三日甲午晴
廿四日乙未晴
廿五日丙申晴　參番巳半刻
廿六日丁酉晴

廿七日戊戌降雨夜雷晴電光

廿八日己亥曇天

廿九日庚子降雨　學習所講釋

論語泰伯篇講師雅五郎讀師了三

三十日辛丑陰天微雷　陽明參上中將殿從三位宣下恐悅也　甘露寺藤祭主齋等行向歸宅巳刻

八月

朔日壬寅陰雨　參賀　禁中　陽明九條　殿下等也　太刀献上如例　自

今日近習小番差替予當番之處以來五番參仕也

二日癸卯陰雨　勢多會

三日甲辰晴　參番巳刻

四日乙巳晴

五日丙午天晴　寺島

六日丁未天晴

七日戊申天晴　依召參　内議奏橋本亞相被申渡
來廿一日於陰陽頭亭被修行天曺地府祭之御祈之間爲御使可令參向之
旨也畏承了且前一夜可令神叓先例可及文政度之旨被申渡了

八日己酉烈風甚雨夜瀰（弥カ）猛烈

九日庚戌風雨晩來漸靜　參番巳半刻無事來廿一日副使名一帋相渡了

十日辛亥晴

十一日壬子晴

十二日癸丑陰雨夜甚雨烈風　勢多會

十三日甲寅陰天　陽明家參上來廿一日御使御届之柳原行向歸宅午前

十四日乙卯晴　今朝放生會參向之人々出立
上卿　菅中納言爲顯卿　參議　右衞門督光政卿
辨　胤保　次將　右中將實麗朝臣　左少將　雅典朝臣

奉行　資宗朝臣

十五日丙辰陰雨終日　參番巳半刻

今日　石淸水放生會延引也前代未聞之叓云々其故去十二日風雨何々出水八幡通行難成參向之人々於伏見御香宮社民宅各群居雖加勘考渡川無方各昨夕空手歸宅云々依之御神叓被解源氏依神叓小番不參人々各參仕云々

十六日丁巳陰天

十七日戊午陰雨

十八日己未晴　御靈會如例内祭祝儀了今日地主神祭之事祖君御在世中目御愼日不被行自今年可復舊儀者也

十九日庚申　學習院講釋

論語子罕篇講師雅五郎　讀師丹波介

二十日辛酉晴　自今夜神叓也依明日御使也

廿一日壬戌晴陰不定時々細雨入夜晴　當番晝夜番代
今日於出御門家御代始御祈天曹地府祭勤行ニ付御使參向辰半刻參
内屆議奏暫御撫物被渡御鏡入廣蓋包帛布御直衣無上包入廣蓋則納于御辛櫃命非藏人
令運送于諸大夫間渡于副使引續參向到土御門家午半刻晝之間内見酉
刻御祭被始中間起座有饗應亥刻御祭無異相濟直ニ歸參到議奏役所無
滯相濟之由言上直退出之儀被申渡也依御格子後卽刻歸宅子半刻悉細記別
策了
廿二日癸亥陰雨
廿三日甲子晴陰不定　勢多會
廿四日乙丑快晴
廿五日丙寅快晴
廿六日丁卯快晴
廿七日戊辰朝雨屬晴　參番巳半刻參賀

禁中　殿下　九條　女御入　内句被　仰出恐悦候今日法中參　内辰半
刻揔詰如例御室院室云々自土御門家被送神饌一筥過日依御使勤仕也
廿八日己巳快晴
廿九日庚午快晴　學習院講釋
書經大甲惑有一德篇講師了三讀師雅五郎
九月
朔日辛未晴　勢多會
二日壬申陰天晩來降雨
皇太神宮別宮正遷宮日時定也
瀧原井宮等　奉行　俊克朝臣
上卿　德大寺中納言　辨　光愛
伊雜宮　奉行　同上
上卿　嚴君　辨　長順

嚴君御參　内辰午刻巳刻過陣被始先瀧原幷宮次伊雜御著陣次第起〔記カ〕
予別帋了午半刻御退去
晩景両三輩同伴向于醫師須藤齋深更歸宅
三日癸酉陰雨
四日甲戌快晴　參番巳半刻
五日乙亥陰天
六日丙子陰天　故一品殿内實三周御忌日也
七日丁丑　午後東山邊遊行
八日戊寅　勢多會
九日己卯晴　嘉節幸甚參賀如例
十日庚辰陰天夜甚雨　參番巳半刻
十一日辛巳陰天　皇太神宮例幣使發遣也殘揔詰指貫候年中行事障子南
如例出御之後從御後候南殿御拜了退亦候始所辰半刻前出御忌點入御

上卿　中山大納言　辨　胤保
使　祭主三位　奉行資宗朝臣
神宮上卿　德大寺中納言
祭主齋行向巳半刻有祝酒有饗應未刻過歸宅
十二日壬午陰雨　勢多會
十三日癸未陰雨
十四日甲申快晴　墓參　亡祖君三回御忌也於松林院御法會如例井芳顏
院來十八日百ケ日ニ付同時供養了
十五日乙酉晴　於今宮御旅所能有之爲見物行向
十六日丙戌陰雨　參番巳半刻如例
十七日丁巳降雨　殿下參上來月十二十三日於般舟院新朔平門院壹周御
忌被　仰出御届也
十八日戊子陰雨晩霽　勢多會

十九日己丑陰天　學習院講釋
論語子罕郷黨篇講師雅五郎讀師了三
二十日庚寅晴
廿一日辛卯快晴　勢多會
廿二日壬辰快晴　參番巳半刻　殿下參上御法事附令內覽之處御來客中
也依之預置于諸太夫退出
廿三日癸巳快晴
廿四日甲午晴　一乘寺付登山遊行
廿五日乙未陰雨
廿六日丙申陰雨　勢多會
廿七日丁酉陰雨
廿八日戊戌陰雨　參番巳半刻
廿九日己亥陰晴不定　學習所講釋

書經盤庚上篇講師了三讀師雅五郎

今日荒見川祓也行亥井左中辨恭光朝臣權右中辨光愛等參向諸司可尋記今朝發足云々

三十日庚子陰晴不定　勢多會

十月

朔日辛巳晴

二日壬寅陰天晩霽　勢多會

三日癸卯晴

四日甲辰陰晴不定　參番巳半刻

五日乙巳陰晴　退出掛　陽明參上今日自飛鳥井家和歌天仁遠波御傳授也干鯛一箱献上後刻返給

六日丙午晴

七日丁未晴

八日戊申晴
九日己酉快晴　學習所講釋
論語郷黨篇講師雅五郎讀師了三
宣諭朝臣　公誠朝臣　有職加勢云々
十日庚戌晴　參番巳半刻
十一日辛亥晴　今日御玄猪不被出依御精進中也
十二日壬子快晴　新朔平門院一周聖忌御逮夜也
般舟院御法會如先格　嚴君御參向
十三日癸丑快晴　御當日也　嚴君御參向
十四日甲寅陰晴不定
十五日乙卯陰雨　今日被行放生會去月依延引也
上卿已下如去八月
十六日丙辰晴　參番請取　今日大嘗會立柱上棟云々

十七日丁巳晴曉天嵐寒氣增長
十八日戊午晴時雨　祭主三位方立花會
十九日己未晴　學習院講釋　時雨晴陰不定也
書經盤庚中篇講師了三讀師雅五郎
二十日　殿下參上　嚴君御壹判持參諸太夫面會申入之處御參　內中也
仍諸太夫預置追日可承之旨申入勢多會行向之處依御用儀被召直ニ參
內屆議奏飛鳥井中納言申渡被勸修寺執奏永平寺新住持臥雲和尚禪師
號御畫返稿仍勸修寺大夫被召之處因所勞不參之仍可令傳達之旨也於
八景間　敕書御畫被相渡且於彼處被申渡來二十一日午刻可令參　內
之旨便可申傳四折一帋返賜直ニ行向于勸修寺家太夫面會巨細申入畏
御請之事更參　內申入直ニ退出秉燭也
敕書　臥雲和尚云々賜徽號曰大晃明覺禪師
嘉永元年九月御畫日廿九日也

傳聞今日徳川廣忠卿家　卿等贈太政大臣宣下陣之儀云々二座こ
上卿　三條大納言廣忠卿与　廣橋大納言家　卿与　少納言　辨　大
内記等加州記　奉行　俊克朝臣
廿一日庚申晴陰不定
廿一日辛酉晴
廿二日壬戌晴陰不定　參番辰半刻御口切こ付陪膳兼日被觸　殿下御不
參休息所取次如例小御所御料理如例云々近習當番出座如例
廿三日癸亥陰晴不定　御玄猪申下如例
廿四日甲子晴
廿五日乙丑晴
廿六日丙寅晴　甘露寺清閑寺等行向拜賀習禮也
廿七日丁卯晴　午半刻參　内兼日有召　屆番頭被申渡　天親院贈位御禮こ
付自關東進献之品分賜之由也申刻過於菊間女房被授如例　金三百疋

也歸宅掛清閑寺家行向依拜賀習禮也
廿八日戊辰時雨晩霽　當番々代越後權介參勤
清閑寺家行向藏人民部大輔拜賀也過日自　殿下　嚴君江御內命有之此
度大祀御神𠕋侍中両人服者有之(俊克朝臣長俊)及御差支之間長順依輕服辭職
有之候樣且新補人躰經之周服者之間次豐房江推補ニ可相成於一族彼
是無之樣兼可申入置旨也猶御細命雖有之不能書記
辰刻行向彼亭有饗應巳半刻前　禁色宣下之事被告午刻出門里亭儀有
之小舍人列參之事見參二　以家司覽之主人見終置見參于座下直ニ起
座先殿下(予)爲附添先於中門前有二拜次中門廊沓脫ヲ昇ル(東端)著障子
座(端之疊北方)次家司出逢仰吉書內覽之由家司復命云出給次挾吉書于文
杖入內覽其道下障子座中門廊入東妻戶於簀子邊敬屈伺目(過日左大辨宰相如此教諭之處今日忘却支於妻戶外伺目)殿下目許之後參進奉之退簀子覽了返賜文杖ヲ置座下參進
(置文狀不令有音故實云々)取吉書添文杖退出直ニ文杖ヲ元所ニ返置沓脫次　禁中於

宜秋門下車南方直立于神仙門外去門一許丈先是參　內之事告六位作法如例　吉書奏聞內侍廻リ井塞之事附添商量也先議奏江塞之事申入相具之旨番頭代告之其後以表使申入無返答直ニ被出奏聞相濟之後塞解之事又議奏江申入執事終之後降殿上沓脱（脱カ）自諸太夫間參于內々方禁中色御礼被申上其後御對面天盃等ノ儀有之各終表使ヲ以御礼被申上其後藏人所參入第一頭後克朝臣誘引暫時而退出次一條殿拜有之各相濟ノ後退出申半刻過也予更行向亦々有饗應亥刻歸宅

廿九日己巳陰晴不定　學習所講釋

論語先進邊講師雅五郎讀師了三

今夜戌刻御禊也

三十日庚午晴

十一月

朔日辛未晴　從今晩神叓

二日壬申快晴　春日祭也社參鎮守神饌如例上卿　德大寺中納言　辨

胤保參向云々

三日癸酉晴

四日甲戌晴　參番

五日乙亥晴

六日丙子陰晴不定夜時雨　勢多會

七日丁丑快晴　勢多會

八日戊寅快晴　午後平野邊遊行

執柄家拍子合云々

九日己卯快晴　大嘗會三社奉幣也

上卿　右大臣忠熙公　參議執筆右宰相　中將實愛卿　辨　胤保　大內記使

伊勢両大神宮　　　　　祭主三位教忠卿
石清水八幡宮　　　　　久我大納言建通卿
次官　延榮　　　　　　賀茂下上社
德大寺中納言公純卿　　次官　基文
祭主齋行向申刻自神祇官代歸宅無程出門饗應如例入夜歸宅
十日庚辰晴　參番巳半刻
十一日辛巳晴嵐曇
十二日壬午晴時々寒雨　勢多會
十三日癸未晴
十四日甲申陰雨　今日大祀卜合云々
十五日乙酉晴　陽明家節會有習礼行向
辰日悠紀節會　內辨　內府輕熙公
巳日悠紀主基節會　內辨　右府公

清暑堂神宴
午日豐明節會　内辨　内府公
巳半刻頃被始亥刻過各終賜酒肴予早出了子刻
十六日丙戌晴　參番請取今日高御座嘗殿設試云々
十七日丁亥晴
十八日戊子晴　大嘗會内見云々
十九日己巳晴　勢多會
二十日庚寅晴
廿一日辛卯晴　大嘗會也予殿下御出迎參上（御門流近習人依御無人兼日御頼之）未刻過殿下
御參酉刻大祀被始之由侍中之人々被觸小忌大忌公卿少納言侍從次將
等下殿先出御于回立殿次將侍從侍中之輩候指燭其時南殿御渡之燈臺
二基顛末云々實建朝臣定功朝臣等失歟於回立殿有御復之叓其後出御
于悠紀嘗殿前行大臣小忌公卿辨少納言侍從等供奉大祀傳奏奉行議奏

々供奉與　劔璽實嗣朝臣公正朝臣等取之云々神饌之儀了還御于回立殿亥半刻内々入御云々子刻更ニ出御于回立殿次出御主基營殿供奉如始神饌之儀畢還御丑半刻

今日大祀無異被遂行殊更快晴暖氣恐悦不斜小忌公卿殿上人

権大納言　建通卿　　権中納言　家信卿

參議　愛長卿　　少納言　宣諭朝臣

外記　昌言　　侍從　隆韶朝臣

次將

左中將實嗣朝臣　　左少將實建朝臣

右中將公正朝臣　　右少將定功朝臣

大忌公卿

檢校權大納言基豐卿　　日野大納言隆光卿

檢校姉小路中納言公遂卿　　菅中納言爲顯卿

檢校
水無瀨宰相有成卿

次將
左政季朝臣　右公前朝臣

行事辨
恭光朝臣　胤保

國司
近江介實建朝臣　權介基佑
丹波介公格朝臣　權介實知

御服奉仕
高倉前大納言永雅卿　右兵衛督基延卿
大藏卿治資卿

傳奏　奉行
中山大納言忠能卿　資宗朝臣

廿二日壬辰晴　辰日節會也當番巳半刻參仕摠詰也用差貫著酉刻節會被始
悠紀出御御挿頭畢入御摠詰如例節會於南殿者御後東端高松軟障外也
寅半刻節會畢云々予退出未明

公卿

左　大　臣尚忠公　檢校行酒權大納言基豐卿
三條大納言實萬卿　小忌新大納言建通卿
權中納言言知卿　檢校姉小路中納言公遂卿
新菅中納言聰長卿　小忌新中納言家信卿
右兵衛督基延卿　檢校關白樣頭（マヽ）水無瀨宰相有成卿
國司內辨挿頭宰相中將公績卿　小忌左大辨宰相愛長卿

少納言　辨

宣諭朝臣　恭光朝臣　胤保

次將

左　實嗣朝臣　實建朝臣　實城朝臣　隆資朝臣
右　實德朝臣　公正朝臣　公恪朝臣　定功朝臣

廿三日癸巳晴午後細雨須臾更晴　巳日節會也嚴君御著陣（御階後）辰刻過御參直々御著陣辨胤保參仕吉書之衷畢自和德門御退出直々內々方御參也予殘揔詰也（差貫著用）午刻節會被始悠紀無出　御主基出御揔詰（如昨日）但於南殿御後西端也關白樣頭畢入御（戌半刻）節會終（子刻）請暑堂御神樂出御揔詰破禰馬障子外如例勸盃了入御（丑刻過）予退出丑半刻

公卿

右大臣（忠熙公）　（校）權大納言（基豐公）
廣橋大納言（光成卿）　（小忌）新大納言（建通卿）
四條中納言（隆生卿）　（校）姉小路中納言（公遂卿）　（校・行酒）嚴君
（小忌）新中納言（家信卿）　（校・關白樣頭（ママ））水無瀨宰相（有成卿）

小忌左大辨宰相愛長卿　國司內辨樣頭右宰相中將實愛卿
少納言　辨
宣諭朝臣　恭光朝臣　胤保
次將
左　實嗣朝臣　季知朝臣　實建朝臣　實順朝臣
右　公正朝臣　實麗朝臣　公恪朝臣　定功朝臣
清暑堂御神樂
廿四日甲午晴　豐明節會也殿下御出迎參上秉燭節會被始出御酉半刻外辨堂上入御戌半刻子刻過節會畢云々四ヶ夜大禮一事無闕始被遂行殊無雨儀實天下幸甚也
公卿
內大臣輔熙公　小忌新大納言建通卿
二條大納言齊敬卿　日野大納言隆光卿

橋本大納言實久卿　飛鳥井中納言雅久卿
德大寺中納言公純卿　小忌新中納言家信卿
新宰相宗弘卿　臨期不參右衛門督光政卿
小忌左大辨宰相愛長卿　基貞朝臣
少納言　辨
宣諭朝臣　胤保
次將
左　實嗣云々〻〻カ　有容〻〻　實建〻〻　忠愛〻〻
右　公正〻〻　通富〻〻　定功〻〻　資散王
廿五日乙未晴　參賀　禁中　殿下　大祀被爲濟恐悅也　禁中御祝酒被
出拜領後等可退出
秉燭　殿下參上御出迎爲御挨拶御肴料金五百疋拜領御禮之諸太夫面
會巨細申置退出

廿六日丙申晴

廿七日丁酉晴　勢多會　大祀御調度　御覽云々

廿八日戊戌晴　參番巳刻

廿九日己亥晴

三十日庚子晴

十二月

朔日辛丑晴

二日壬寅陰天夕降雨　勢州大宮司入來面會了　公家畠山上京予親族ニ付使者遣了

三日癸卯曇天屬晴　常盤井殿參上過日　殿下御出迎ニ付爲御挨拶御招之御能且種々有恩賜亥下刻歸宅

四日甲辰晴　參番辰半刻　關東使公家畠山民部大輔參　內搃詰如例依親

族於諸太夫間廊下面會此已前武傳へ其趣申入可爲勝手旨被申渡非藏人番頭幷世話非藏人扶持畢夕景　殿下御參今日　御内儀御内祝云々當番生造壹臺被出

五日乙巳晴　殘摠詰也　關東使御暇也　出御如昨日但無天盃　面會如昨日

陽明家有北祭習禮

一獻勸盃使　資宗朝臣陪從胤保二獻使　廣橋大納言第一公卿右府公使家來候間与奪也陪從隆聲朝臣通熙朝臣代之三獻使　權大納言一条大納言代之陪從時言朝臣四獻使　嚴君德大寺中納言代之陪從隆意朝臣五獻使右兵衛督新中納言代也陪從隆聲朝臣傳盞之事使右府公之爲家來之間擬廣橋大納言了此時徒洗廣橋大納言擬一舞人了次有舞御覽如例次有還立儀人長召公卿已下如例各終歸宅亥刻

六日丙午晴寒風

七日丁未晴　勢多會
八日戊申晴　晝之間左大辨宰相番代參仕
九日己酉快晴
賀茂臨時祭也
使
宰相中將公績卿
舞人
侍從隆韶朝臣　少將忠愛朝臣
左兵衞佐勳光　右馬頭有仲　源常德
藤原助胤
加陪從
重胤朝臣　基敬朝臣　高橋兵部權大輔俊壽朝臣
山本治部權大輔弘顯

所作陪從
近和　忠壽　久住　直節
人長
忠彥
庭座公卿
右大臣忠熙公　廣橋大納言光成卿
一條大納言忠香卿　德大寺中納言公純卿
新中納言家信卿　水無瀨宰相有成卿
新宰相中將基貞朝臣
所役殿上人
通熙朝臣　時言朝臣　隆意朝臣　基文　俊常
爲拜見參　內辰刻同列御禊出御舞人一四行事五等引御馬如例終直
座座被始無出行之儀

一献使勸盃資宗朝臣藏人頭陪從勸盃光愛五位侍中
二献使――廣橋大納言（使右府公依門流与奪云々）陪從―通熙朝臣
三献使――一條大納言陪從―時言朝臣
有傳盞之儀使授于廣橋大納言（右府同前与奪之）次廣橋大納言授于一舞其後
巡流
四献使勸盃德大寺中納言陪從勸盃隆意
傳盞使授于廣橋大納言廣橋――授于一舞〻〻亦授于廣橋大納言
可傳二公卿之處今廣一條大納言（舞）中山少將爲家來之間可被著垣
下座仍亦廣橋大納言（江）返盃之次廣橋大納言授于二舞已後巡流如
常
五献使――新中納言陪從通熙朝臣
重盃一舞之前新中納言四舞前水無瀨宰相
陪從資宗朝臣

次揷頭公卿自第一右府公次第配之如例今日公卿廣橋大納言水無瀨宰相等右廻其余各左廻陽明之流与有不審之人猶可尋考但右府公御進退今日如何忘却無念之事ヽ次舞御覽如例公卿候于簀子無出御而使以下各渡御座前之時散屈有不審之人可尋考先駿河舞了於竹臺東跪右祖(袒カ)舞水子(干カ)右祖(袒カ)之時頭低ヲ內ヘ打込挾袖于右腋而二三ノ舞人之外各不能其儀甚見苦今日舞懸ニ齟齬多不都合事未刻事終退出

行向祭主三位齋列見物申刻過歸宅　酉半刻參于陽明還立御出迎也亥刻御參也

入和德門經御後昇殿上小板敷出下戶令參于內々方給

子刻半使已下歸參直ニ還立被始無出御之儀右府公神樂央御早出也予引續退出向寅刻

十日庚戌晴　參番午前無事

十一日辛亥晴　內侍所御神樂申刻詣參仕
十二日壬子晴
十三日癸丑晴　勢多會
十四日甲寅晴　御酒宴也（御有卦明旦御機眉（マヽ）御祝）午半刻參仕戌半刻事終
十五日乙卯寒嵐飛雪終日晴陰不定夜積雪　女御入　內也左大臣尙忠公
息女爲見物行向于長谷亭申半刻出軍（車カ）終列中燈松明嚴寒風雪行粧混雜
雜人往來言語同斷之事也
十六日丙辰晴　當番晝夜中山羽林江番代鎭守火燒內祝
十七日丁巳晴　藏人右少辨再補拜賀也辰半刻向彼亭予附添先左府齋前
覽終到關白齊內覽終參　內直ニ六位藏人告知內侍塞之事申于議奏當
番暫而當番新營中宰相塞出來之旨被示殿上作法量程內侍廻リ之事以
表使申入了吉書奏聞返抄作法了被參　內々方御對面　天盃等之事ア
リ各終藏人等頭辨誘引也

今日未刻有御用召兼日大祀ニ付自關東進献之品分賜於菊間被傳如例
白銀壹枚御礼了退出申半刻
今日女御入　内參賀　禁中　女御　殿下九條家等也
十八日戊午晴
十九日己未晴　官位御沙汰云々
二十日庚申晴　關東使品川豊前守參　内云云
廿一日辛酉陰雨雷鳴暖氣
寒中所々行向
廿二日壬戌晴嚴寒寅斜　參　内御煤拂也卯半刻闔被始如例辰刻御學問
所已下点檢當番御學問所奉行両人從議奏了歸番所直ニ取掛如例御掃
除了清箒近習第請取向其間ニテ終歸宅亥刻　今日當番晝參勤宿直代
廿三日癸亥寒風凛烈午半刻參　内兼日自武傳右召奴袴著用自武傳第一被招被申渡學
習院出精ニ付御褒美賜之由也暫而於御學問（所脱カ）御對面両役衆學院傳奏學

頭等列座　殿下被傳　宣平常行狀宜有叡感猶已後出精可有之愼奉退
本番所人々同時位次第著坐暫而於雁間目錄拜領兩役已一列座學頭被
傳入硯卷自第一次第拜受末座人空器返上御礼之儀大略同官位昇進但有
本番所人仍府下傳奏面會ソノ退出之儀武傳ヨリ被申渡直ニ退出御礼廻リ如左禁中
表使殿下陽明依門流之已上諸太夫武傳議奏學院傳奏學頭兩人等也終歸宅酉半刻

右衞門督光政卿　左衞門督言成卿
有容朝臣　爲理朝臣
定功朝臣　公健朝臣

右賜中課

右宰相中將實愛卿　三位中將忠礼卿
安三位奏聽　隆賢朝臣
雄光朝臣　信篤朝臣
通善朝臣　基敬朝臣

隆聲朝臣　公香朝臣

晴雄朝臣　公述朝臣

博房　勳光

俊政

右賜下課

依邂怠學院參入被止人々有之云々

中課御褒詞

一各脩身之心懸厚叡感尙宜在厲勤叓

下課御褒詞

一平常心得方宜　御滿[illegible]猶　有諸事出精叓

一北小路三位　澤三位　公恪朝臣　國房〻〻　雅和〻〻　氏暉〻〻

宗有〻〻　隆意〻〻　顯彰〻〻　輔季〻〻

右輩

先朝格別厚　叡慮孝貞忠信之道爲心得被開講筵被勸善之處乍有出
願及遯怠且氏暉〻〻不出席澤三位受業家漸一度出席如何之心得以
來被除御人數候叓
右御褒詞二条君第一ヨリ廻文到末一ケ條ハ傳聞也爲後戒記畢賞罰現
然可愼々々
廿四日甲子晴　參番代秉燭退出子祭如例
廿五日乙丑晴
廿六日丙寅晴
廿七日丁卯晴　參　内辰半刻御能也亥刻退出
廿八日戊辰晴　參番巳半刻無事
廿九日己巳晴　歳末　禁中御帳如例

萬里小路日記

嘉永四年

正月

一日戊子天晴四海泰平萬福幸甚々々家例祝義如例爲陽明家出迎辰刻過參上無程御對面直ニ御出門萬端如例未刻過御退出女御江被參同御出迎中被五六輩中合也御申置直ニ御歸館傳聞今曉四方拜臨期無御出

今夜節會

公卿

左大臣尙忠公　右大臣忠熙公　內大臣輔熙公

廣橋大納言光成卿　日野大納言隆光卿

新大納言公純卿　姉小路中納言公遂卿

新中納言忠礼卿　右衞門督實愛卿

侍從宰相宗弘卿　左大辨宰相愛長卿

左宰相中將基貞卿　左兵衞督信堅卿

宮　內　卿行遠卿　　勘ヶ由長官光暉卿

少納言　　辨

時言朝臣　　恭光朝臣

次將

左　有容朝臣　實建〻〻　公恪〻〻

隆賢〻〻　實在〻〻

右　重胤朝臣　公前〻〻　通富〻〻

公健〻〻　通善〻〻

奉行

二日己丑晴

三日庚寅積雪今日當番依歡樂不參

今夜節分方違如例

四日辛卯晴立春也愡詰依歡樂不參

五日壬辰晴時々雪風

六日癸巳晴　今夜出火今出川千本寺也

七日甲午晴　白馬節會爲陽明御出迎卯刻過御服後御著陣有之殊ニ令早參也御參直令著陣給辨光愛參仕終休息所御參午刻陣被始右府公九條大納言菅中納言二位宰相新宰相中將等著陣終テ直ニ節會被始臨期御出嚴君御參御下殿之儀内辨國柄(棲カ)催御礼節也舞(マヽ)岐拜宣命拜等之酉刻節會了直ニ歸宅

今晩脂燭勝長御能無出御義聊分明猶有屆云云

公卿

臨不參左大臣尙忠公　右大臣忠熙公

臨不參内大臣輔熙公　臨不參右大將基豐公

權大納言實萬卿　一献早出左大將忠香卿

國柄(棲カ)早出九條大納言幸經卿　嚴君

一献早出菅中納言聴長卿　臨不參左衛門督實長卿
陣後早出二位宰相有成卿　御酒宣命右宰相中將實德卿
雜事雜所新宰相中將季知卿　民部卿維長卿
三位中將公睦卿　侍從宰相良芳卿
少納言　辨
宣諭朝臣　資宗朝臣
次將
左有容朝臣　實誠〻〻　公總〻〻
忠愛〻〻　公誠〻〻
右公正朝臣　實麗朝臣　隆晃〻〻
定功〻〻　資散（敬カ）〻〻
奉行　重胤朝臣
八日乙未晴陰不定雨雹智恩（院脱カ）・宮御參　内長橋御出迎參上巳刻無程御參聖

護院宮御参御祝献等如例　御對面了直ニ御退出

九日丙申晴参番無事今日予小番始テ出仕也恐悦御祝酒著到但シ初番々代節ハ次小番自分書云々等ノ儀無之穂波太夫初出仕是亦同様也勿論著袴著用之宿依歓樂

退出

十日丁酉晴諸礼惣詰也午前参　内上乘院参内ニ付面會且内見之節扶持

於廂御對面如例

今日惣詰先席下如例出東廂非藏人終テ覆(ママ)本座御對面ノ次第先上院家

次諸寺次非藏人自是小御所ノ御對面之次八幡次御医也小御所御對面ハ外樣不候近習

不出于廂

十一日戊戌晴　回礼

十二日己亥晴　吉田社参詣歸路回礼

十三日庚子晴

十四日辛丑降雨

十五日壬寅晴　參番指貫巳刻依春以表使恐悅申上臨期御對面不被爲在今曉御吉書三毬打摠詰小御所　予圓坐如例御盃出座之處男方不被召　御末廣之事第一右大將賴置了

十六日癸卯降雨踏歌節會殘摠詰指貫申半刻參　內臨期無出御酉半刻陣被始源亞相陣後續內辨初度々々左府權亞相新中納言侍從宰相等著陣也

踏歌節會公卿

左大臣尚忠公	右大臣忠熙公
內大臣輔熙公	權大納言實萬公
源大納言建通卿	中山大納言忠能卿
姉小路大納言公遂卿	新中納言忠礼卿
日野中納言光政卿	侍從宰相宗弘卿
宰相中將公績卿	左大辨宰相愛長卿
右兵衛督實好卿	太宰大貳量輔卿

新三位中將實順卿
少納言　　辨
時晃朝臣　　長順
次將
左　實城朝臣　公恪〻〻　公総〻〻
忠愛〻〻　實在〻〻
右　實麗〻〻　公前〻〻　通富〻〻
定功〻〻　公健〻〻
十七日甲辰雪風
十八日乙巳晴飛雪紛々
十九日丙午快晴　舞御覽也巳刻前參　朝於小御所鶴庖丁如例舞樂五番
二十日丁未晴夜雨降
廿一日戊申陰天屬晴參番巳刻過

廿二日己酉晴　坊城廣橋等故障見舞行向
廿三日庚戌晴
廿四日辛亥晴
廿五日壬子晴　美生亭會始入夜歸宅
廿六日癸丑晴
廿七日甲寅晴午後降雨　參番如例
廿八日乙卯晴
廿九日丙辰晴　仁孝天皇御法裏献上日野黄門落手
三十日丁巳晴入夜降雨

二月

一日戊午晴　初午來賓
二日己未晴入夜降雨

三日庚申雨属晴入夜烈風殘寒更嚴
春日祭也社參鎮守神饌如例自昨夜神齋上卿　日野中納言光政卿　辨
長順　參番例刻今夜庚申依御神事無御闇
四日辛酉晴雪　勢多會
五日壬戌晴
般舟院參向卯刻差袴御法會例時廬山寺導師大典侍御代香參詣其余無事
六日癸亥晴　般舟院參向卯一点衣冠奴袴命役者令導場敷設如圖導師宿坊參
著遲々之間催促之事奉行令示談之處道遠之間不及其義良而導師直ニ
般舟院江到著之由申來從是案内迄暫可被扣之旨申渡其旨奉行江申入
無程參進之事被申渡直申渡且題名僧中門内列立ノ叓同申渡叓具上両
促誘引如例次第行著坐公卿誘引布施殿々上人著坐予後之促役者取氣
色開門如例僧侶入堂了奉行著坐行叓啓之後開幕御經供養畢導師復坐
直ニ閉幕次布施導師料第一公卿取之六位傳之次加布施第二公卿取之

次題名僧布施殿上人相交配之畢退出如例無異義両役奉行等無異申入直ニ退出　禁中言上御經供養并昨今御法會無異之旨申入日野黄門承知次殿下言上如先申置退出巳半刻

著座公卿

德大寺大納言　廣幡中納言

三條西宰相中將

布施取殿上人

石野右京大夫　東久世侍從

藤島差次藏人

御導師

常住金剛院權僧正妙門院家云々

題名僧

安祥院大僧都　星光院權大僧都

理覺院權大僧都
　地下參卿
出納　職寅朝臣　　御藏　孝正
所衆　正平院承仕　　道以道泉ノ男也
　奉行　重胤朝臣
七日甲子晴陰不定　智恩院方丈入來當家依有格別由緒也　大黑供如例
八日乙丑晴
九日丙寅晴　參番如例關東使武田左京大夫參　內揔詰如例　今日漢御會被聞食貞觀政要三卷誠信以届了
十日丁卯晴
十一日戊辰降雨　和歌御會始參　朝辰半刻指貫屬于奉行落手直〻退出勢多會
十二日己巳晴　於藤祭主齋大〻神樂與行歸宅子刻

十三日庚午晴

十四日辛未晴降雪

十五日壬申晴　參番巳刻過依涅槃有捧物

色紙文通置臺下札如左

博ぬさ

無上字各相揃之上屬于議奏命于番頭代不及持參入夜於議奏所有闈議奏一覽令寫非藏人如御煤拂節終歸宅等御品物非藏人持參候一切不及御礼於御所勞御掛物拜領有御礼云々

十六日癸酉快晴　勢多會

十七日甲戌雨

十八日乙亥晴

十九日丙子晴　學習院開筵講釋

礼記　菅中納言　大學　牧善輔

孟子　大澤雅五郎　論語　中沼了三

自右府以下贈役頭如例
二十日丁丑晴　有芳館會
廿一日戊寅晴晩來降雨參番例刻
廿二日己卯陰雨
廿三日庚辰陰天　勢多會
廿四日辛巳晴
廿五日壬午晴
廿六日癸未晴
學習院日本紀會讀　景行十三年悉了
廿七日甲申晴　參番御會如例
今夜庚申之御鬮有之當日依春日祭御延引也於議奏役所賜之如御煤拂
有御礼議奏以非藏人申入
次表使如例

廿八日乙酉晴
廿九日丙戌降雨　學習院講釋
書經君奭顧命到レ英　講　雅五郎　讀　了三
三十日丁亥降雨

三月
一日戊子晴
二日己丑降雨
三日庚寅曇天　參賀如例鬪鷄献上中山相入江介入魂了　參番陪膳ニ付
早參御對面不被爲　在親王丞相各申出　參　內殿鬪鷄捴詰如例
四日辛卯陰天
五日壬辰快晴　高前亞相別業行向七里祭見物入夜歸宅
六日癸巳晴　勢多會

七日甲午快晴
八日乙未快晴
九日丙申晴　參番例刻
十日丁酉晴　山櫻漸盛
十一日戊戌晴嵐山櫻狩御室平野等巡見戌刻歸宅
十二日己亥降雨終日　藤祭主別業行向
十三日庚子晴
十四日辛丑降雨　陽明南祭習礼也公卿云々使代隆詔朝臣舞人代延榮當役隆聲朝臣勳光資生六人兩人當役予職事御禊頭兼役也且重盃勸盃抑（挑カ）頭花行事等兼役勸盃終歸路直ニ花臺取之已下無異事秉燭歸宅
十五日壬寅陰天　參番卯半刻殿下內覽御參陪膳也今日和氣清麿神號神階宣下也奉號
護王大明神云々神階正一位

上卿
源大納言建通卿　辨　恭光朝臣
奉行　資宗朝臣
使
神祇少副卜部　朝臣號吉田
十六日癸卯陰雨　勢多會
十七日甲辰陰天屬晴
十八日乙巳陰天
十九日丙午降雨
石淸水臨時祭也
公卿
左　大　臣尙忠公　廣橋大納言光成卿
二條大納言齊敬卿　新中納言忠礼卿

右衛門督実愛卿　　　　　左大辨宰相愛長卿
左宰相中將基貞卿
殿上人
公誠朝臣　　定國朝臣　　基文朝臣
博通　　光昭
使
宣諭朝臣少納言
舞人
延榮　　繼仲　　泰顯　　通禧
源常德　　大江俊昌
加陪從
基安朝臣　　有仲朝臣　　吉誠　　長雄
所作陪從

景典　季資　忠壽　久嘉

人長

安倍季光

二十日丁未降雨夜甚雨　平野遊行

廿一日戊申陰天　參番請取

廿二日己酉陰天

廿三日庚戌晴

廿四日辛亥晴晩來陰雨　於內々方有御能卯刻參　朝依陪膳也上侍中左

司郎番代參勤亥刻過歸宅

廿五日壬子陰雨

廿六日癸丑陰天　學習院會讀

日本紀成務記悉了

廿七日甲寅晴　參番巳半刻揔詰也

大乘門跡參　內先於小御所御對面直ニ於御學問所再御對面當番計揔詰入御已前退候廊下如例

般舟院始參　內也刻限午半刻午刻過參　內候諸大夫間屆于議奏且內見相願度申入可好（マヽ）勝手之旨被申渡屆于申次職事葉室兼日所賴置ト無程內見終而相濟之旨屆于議奏御對面座下段如先例

御對面之砌予依揔詰勸修寺江万端御賴置且世話非藏人中川對馬江賴置御對面終直ニ退出也其義無沙汰　後聞揔詰依執奏御用不附事先例云々今日不心（マヽ）ニ付已後可隨先例

廿八日乙卯陰雨　天授院使如例

廿九日丙辰晴　學習院講釋

書經　講了三　讀雅五郎

一日丁巳晴　水無瀬宰相有成卿東照宮奉幣使出方
二日戊午晴
三日己未晴
四日庚申陰雨　當番
五日辛酉晴
六日玄黓闇茂晴
七日昭陽大淵献陰雨
八日甲子陰天夕霽
九日旃蒙赤奮若晴　學習院講釋
　禮記檀弓上篇　講師善輔　講師雅五郎
十日柔兆攝提格陰天　參番例刻更衣昨日貫看更衣也
十一日丁卯陰雨　勢多會
十二日戊辰晴

十三日己巳晴
十四日庚午晴　陽明參上右府公御違例爲伺候
十五日辛未晴
十六日壬申陰雨　參番例刻
十七日癸酉晴　殘摠詰也指貫著用候破稱馬如例辰半刻退出
賀茂祭也使　公恪朝臣衣躰如常傘紅柏梅車無餝
山城使　權介九條家諸大夫朝山
仙蝶舍生花會
內藏使　助近衛家進藤
入夜歸宅
傳奏　橋本前大納言　奉行　長順
十八日甲戌晴
十九日乙亥晴　學習院左氏傳會信十四年訖講善輔
二十日丙子晴　善生齋會
廿一日丁丑晴　入夜降雨

廿二日戊寅晴　參番例刻

廿三日己卯晴

廿四日庚辰晴　祭主別業行向

廿五日辛巳晴

廿六日壬午陰雨　學習院日本紀會讀神功皇后元年悉訖十八讀上予在此中

廿七日癸未陰雨

廿八日甲申晴　參番

廿九日乙酉晴　學習院講釋書經畢命篇悉了講　雅五郎　讀　了三

三十日丙戌晴

五月

一日丁亥晴　勢多會
二日戊子陰雨
三日己丑陰雨
四日庚寅陰天　參番例刻
五日辛卯晴　參賀如例
六日壬辰晴　勢多會　祭主籠居中爲見舞行向
七日癸巳　陰天細雨
八日甲午晴
九日乙未陰雨　學習院講釋
礼記檀弓上篇　講善輔　讀了三
陽明御籠居爲御機嫌伺參入　今夜於大德寺御送葬云々
十日丙申陰雨　參番例刻
十一日丁酉陰雨

十二日戊戌陰雨

十三日己亥晴

十四日庚子晴

十五日辛丑晴　今宮祭礼大木亭　請行向

十六日壬寅陰雨風吹　入梅　參番例時

十七日癸卯陰天

十八日甲辰晴

十九日乙巳晴　學習院左氏傳會讀々上十八予在此内講師　善輔

二十日丙午陰天　壽莽會始

廿一日丁未晴

廿二日戊申晴　參番如件

廿三日己酉

廿四日庚戌

廿五日辛亥陰雨暴風夕霽
廿六日壬子晴夕立微雷
學習院日本紀會讀　　翠松軒會
廿七日癸丑晴
廿八日甲寅陰雨　東山亭能催　當番々代
廿九日乙卯陰雨　學習院講釋
書經　講師　了三　讀　雅五郎

六月
一日丙辰陰雨　勢多會
二日丁巳陰雨
三日戊午晴
四日己未晴　晩夕立

五日庚申晴　參番巳刻小御所御當座也有揔詰廊下
六日辛酉晴
七日壬戌曇天降雨　鴨川狩
八日癸亥甚雨
九日甲子晴　學院講釋
　礼記檀弓　講善輔　讀雅五郎
十日乙丑晴蒸災　下賀茂競馬申半刻歸宅
十一日丙寅晴　參番受取
　內侍所假殿上棟也日華門出御揔詰候東表西御內儀者北囘廊
　先議奏次修理職奉行　奉行職事　當番井南上東面　上棟終賜御祝今日當番指
　貫著用否哉難有沙汰不及御儀也
十二日丁卯晴
十三日戊辰晴

十四日己巳晴白雨雷鳴
十五日庚午曇天
十六日辛未陰天　活花會　勢多會　日野西行向
今日御盃不參使長橋議奏忘却自葉室沙汰有之早々相遣也
十七日壬申陰天微雷雨　參番例刻
十八日癸酉陰天雷鳴甚雨
十九日甲戌陰天雷鳴　學習院會讀　勢多會傳奏　信公廿六年了　讀師
善輔
二十日乙亥雷雨
廿一日丙子晴
廿二日丁丑晴遠雷
廿三日戊寅晴　參番例刻
廿四日己卯晴夕立

今日　内侍所假殿　渡御日時定陣儀也
上卿　拜　恭光朝臣
奉行　資宗朝臣
廿五日庚辰晴　午半刻依　御用儀參　内右大將被申渡來月一日　内侍所假殿渡御ニ付爲御見舞可令參入旨也尤申半刻先參　内可令旨ニ承退了同時　人々中山亞相　宰相中將　太宰大貳　八條侍從予等也當日之儀萬端申合直申退了
廿六日辛巳晴雷雨　日本紀會　仁德紀十二年悉了
廿七日壬午
廿八日癸未遠雷自今夜神事
廿九日甲申微雷　參番

七月

御見舞八數

中山亞相　右宰相中將實德卿
太宰大貳　六角三位
久世三位　櫛笥侍從
四辻侍從　八條侍從
予　甘露寺大夫

一日乙酉天晴　內侍所假殿渡御也中半刻參內著單紅繁文一同揃之上屬于議奏直到著內侍所十八軒廊往返於休所萬端申合自第一番配役被渡予持雨皮可供奉旨也暫而議奏兩人右大將・菅中納言參向事〻治定了
亥刻依　主上下御各下殿渡御催シ先是次將陣階下上官列立在圓本殿西簀子左右相分候議奏御見舞人々非常附等也供奉人々御見舞之内本殿降南階昇新雲階壹御羽車供奉西方二御羽車供奉人東也渡御了予雨皮返納議奏最初自簾中被出議卿請取授予假殿安置了各降雨南階更向內侍所供奉輩內々雲階昇降也賜御祝酒五献拜領了更參　內通（道カ）同已前但御安全相濟候間相見合恐悦申上議奏表使
如例直退出子刻過
　供奉次將

左中實建〻〻　中定功〻〻　少隆賢〻〻
少實在〻〻
右中實麗〻〻　少公前〻〻　少通富〻〻
少定國〻〻
少納言　辨
宣諭〻〻　恭光〻〻
奉行　資宗朝臣
主上下御　大略如四方拜云々
二日丙戌晴　暑中見舞
三日丁亥晴　參番例刻
四日戊子晴　墓參如例　暑中見舞
五日己丑晴
六日庚寅晴　鎮守神供如例　勢多會

七夕詠進　秋日同日詠七夕薄――

七日辛卯晴　參賀　乞巧奠如例

八日壬辰晴知門行向

九日癸巳陰雨夕霽　參番

十日甲午晴

十一日乙未陰雨　御目出度叓御盃也依所勞不參如例

十二日丙申晴

十三日丁酉陰雨風

十四日戊戌晴　參番如例　女御陽明殿下九條甘露寺勸修桂殿等參賀直〻參　內恐悅申上脫袍如例　申半刻燈籠御覽有詰秉燭獻火指貫獻酬如例

十五日己亥晴　當番〻代晝夜東坊大夫相願

十六日庚子晴　祭主別業行向太文字殊鮮明

十七日辛丑晴
十八日壬寅晴　勢多會
十九日癸卯晴　學習院左傳會讀
信公廿八年悉了　讀上十一八予在此内　讀師　善輔
二十日甲辰晴
廿一日乙巳晴　參番例刻
廿二日丙午雨雷鳴
廿三日丁未陰天涼氣
廿四日戊申晴
廿五日己酉晴殘炎復舊
廿六日庚戌晴　學習院日本紀會讀
仁德紀悉了　讀上十八予在此内
廿七日辛亥晴　參番例刻

廿八日壬子晴　勢多會
廿九日癸丑晴　學習院講釋
書經　講　雅五郎　讀　善輔
三十日甲寅晴

八月
一日乙卯晴　參賀如例　御靈參詣
太刀献上如例
二日丙辰晴
三日丁巳晴　參番如例　殘炎如蒸苦熱難堪上丁祭祀如昨年云々依當番
參上ミ不及不參事不申入但第一心得マテ申入可然与所勞亦同樣也自
內賜之菓子一包自速參番之輩江被傳各落手御礼自第一被申上云々
四日戊午晴

五日己未晴　美生會
六日庚申晴細雨降
七日辛酉晴朝之間細雨地聊潤
八日壬戌晴　勢多會　御月次短冊御題被觸先御請依非門御理申上去日
高松前黃門薨去之故也
九日癸亥晴　參番
十日甲子晴
十一日乙丑晴
十二日丙寅晴　祭主齊行向　母堂中元御礼也
十三日丁卯晴
十四日戊辰晴
十五日己巳晴　參番請取　晩雨晴清光
放生會上卿源大納言　辨

參向上卿
野宮中納言定詳卿　二位宰相有成卿
辨　胤保
次將　通善朝臣　實在朝臣
十六日庚午曉天降雨終日陰天　勢多會
十七日辛未陰雨初冷　自去廿四日雨不降殘炎殊甚シ
十八日壬申陰天時々細雨御靈會如例來賓両三輩漢御會被觸參仕之處依
御延引直ニ退出但順番操下云々
十九日癸酉晴　學習院左傳會讀
文久二年悉了讀上十一人 公カ
二十日甲戌晴曉雷雨
廿一日乙亥晴陰不定　參番例刻
廿二日丙子陰雨

廿三日丁丑晴
廿四日戊寅陰雨翠松軒會
廿五日己卯陰雨
廿六日庚辰陰雨夕雷　勢多會　學習院會讀
日本紀允恭帝二年悉了　讀十一人
廿七日辛巳陰雨　參番例刻
廿八日壬午降雨不定　新大納言聽長奉慶爲悅行向
廿九日癸未晴　學習(院脱カ)講釋
書經悉了　講　雅五郎　讀　善輔

九月
一日甲申晴　勢多會
二日乙酉陰雨

三日丙戌晴

四日丁亥晴　參番例刻

五日戊子晴　西野齋月次嘶子

六日己丑晴　勢多會

七日庚寅晴

八日辛卯陰天細雨晩晴　祭主齋行向

九日壬辰晴　參賀如例

十日癸巳陰雨　參番例刻

十一日甲午晴　例幣使派遣大宮司上京（祭主内々依故障也）

上卿　新大納言（聰長卿）　辨胤保　奉行資宗朝臣摠詰（指貫）先破爾馬次
渡廊出御後御復候南殿還御已前從下﨟退候本所此時東上也雖説々東
上正説云々　勢多會

十二日乙未陰雨

十三日丙申晴

十四日丁酉陰雨

十五日戊戌晴　今宮能入夜歸宅

十六日己亥陰天　參番例刻

十七日庚子晴

十八日辛丑晴　勢多會

十九日壬寅陰雨　學習院會讀

左傳文公十年悉了讀師　善輔

二十日癸卯陰雨正子今度有義朝臣縁段(ママ)治定今日　結納到來紅白縮緬鳰(ママ)一連樽代金五百疋等也使者爲引出金二方相遣祝酒等出之　嚴君使者へ御直答也　內祝兩三輩入來噺子相催

廿一日甲辰晴　勢多會

廿二日乙巳降雨　參番如例　本願寺參　內無出御　常盤井殿有御能

嚴君御出太閤殿下令舞驚給於觀世流老人未曾有有（マヽ）事〻云

廿三日丙午晴

廿四日丁未晴陰不定夕属晴風寒

廿五日戊申晴　美生齋會

廿六日己酉晴　學習院會讀　安康帝紀悉了

廿七日庚戌降雨

廿八日辛亥降雨　參番例刻

廿九日壬子晴　學習院講釋中庸開番（講雅五郎　讀善輔）

三十日癸丑晴大内山遊行

昨廿九日依召參　内（嚴君被召之處御不參之）右大將被申渡來月十三日新朔平門院御正忌御法會摠テ如昨年云々奉行頭中將之旨同時被示直〻退出殿下參上右御届申出等可退出

十月

一日甲寅曇天　勢多會

二日乙卯陰雨

三日丙辰晴陰不定

四日丁巳晴陰不定　當番々代竹內能行向

五日戊午

六日己未晴

七日庚申晴　後聞今日貫首更衣云々

八日辛酉晴

九日壬戌晴　學習院講釋

禮記檀弓上篇了講　善輔　讀　雅五郎

十日癸亥時雨　參番例刻　御玄猪申出

十一日甲子晴　勢多會

十二日乙丑晴
十三日丙寅晴　般舟院御法會　嚴君御參向
十四日丁卯晴
十五日戊辰晴
十六日己巳晴　參番
十七日庚午晴　御能也卯半刻參　内戌半刻退出
十八日辛未快晴　高雄山讓（護カ）王社參詣
十九日壬申曇天　學習院會讀
左傳文公十四年悉了　讀上十八　讀師善輔　勢多會
二十日癸酉晴（陰脱カ）不定　美生齋會　菊一瓶　長年一瓶
廿一日甲戌晴　若王寺遊行
廿二日乙亥晴　參番
廿三日丙子晴

廿四日丁丑晴
廿五日戊寅晴　有芳館會
廿六日己卯陰雨　學習院日本紀會讀々上二十八予在此内
雄略紀八年悉了甘露寺局於泉山急病以外之事也
廿七日庚辰陰天　祭主家行向依一同招請之〔之カ〕
廿八日辛未晴　參番請取
廿九日壬午曇晴　學習院講釋
中庸　講　了三　讀　雅五郎

十一月
一日癸未晴夜降雨
二日甲申風雨　春日祭也上卿　新中納言　辨　恭光朝臣等參向　鎮守
神供如例

三日乙酉陰天
四日丙戌陰天
五日丁亥　參番
六日戊子晴　勢多會　美生會
七日己丑陰雨
八日庚寅晴　梨本活花會
九日辛卯晴　學習院講釋
禮記檀弓下篇　講　善輔　讀　了三
十日壬辰晴
十一日癸未晴　當番依所勞不參
十二日甲午晴　殘惣詰依所勞不參
今夜　內侍所本殿還御也供奉人々
左將中定章朝臣少有容〻〻中實城〻〻少公總〻〻少公誠〻〻少保美

〻〻
右將中實麗〻〻少隆晃〻〻中忠愛〻〻少公健〻〻少宗有〻〻少通善
〻〻
少納言　時晃朝臣　辨　恭光朝臣
今夜御見舞人々　議奏衆廣橋大納言橋本前亞相近習正三条黄門右大辨宰相宮内卿野宮中將中務權少輔等也本殿還御之時ハ非常附輩不參之闕補無之是先例ト云々
今夜諸司代遲參狼狽辨少納言列立之前經歷ト云々彼是雖有沙汰終隱使之不可祝之事ト
十三日乙未晴
十四日丙申晴　美松會
十五日丁酉晴陰不定
十六日戊戌晴陰不定夜雨　勢多會

十七日己亥晴　參番例刻
十八日庚子晴陽明　豐明節會習礼予辨　職事代依法別記畢
十九日辛丑　學習院左傳會讀上十八予在此内
文公十八年悉了
二十日壬寅晴寒嵐雪初降
廿一日癸卯晴　新嘗祭也卜合八々
權中納言定祥　參議有成　少納言宣諭　辨　長順丙恭光外記師親史
輔世
侍從　經之　内舍人　信薰マヽ　大舍人重國主領貞旅　次將左中實城少
丙合公總右中實麗少宗有監物正平不及卜合一人与
大齋公卿　德大寺大納言　姉小路中納言傳聞今夜戌刻出御寅刻過事
終云々
廿二日甲辰晴　豐明節會

不左大臣不右大臣內大臣權大納言實萬卿大歌別當德大寺大納言公純卿新大納言聰長卿 小忌野宮中納言定祥卿源中納言忠礼卿新中納言公緒卿 小忌二位宰相有成卿式部大輔ゝ定卿 新宰相中將季知卿左兵衛督信堅卿刑部卿貞光卿 少納言宣諭朝臣辨長順次將左定章〻〻實建〻〻實城〻〻公恪〻〻保美〻〻

右實麗〻〻隆晃〻〻隆韶〻〻忠愛〻〻宗有〻〻

両夜奉行 資宗朝臣

廿三日乙巳晴 參番例刻無事

廿四日丙午晴

廿五日丁未晴 聖廟參詣

廿六日戊申晴午後降雨 日本紀會讀

雄略紀悉了讀上十八

廿七日己酉晴

廿八日庚戌晴雪降　今夜正子嫁六條有義朝臣万端無闕如相濟幸甚々々
廿九日辛亥　參番例刻
三十日壬子晴　女御々愼爲伺御機嫌參入

十二月

一日癸丑晴　六條父子招請藤祭主裏左中丞等取持相賴　忠三郎臨期相招
二日甲寅晴
三日乙卯晴
四日丙辰晴
五日丁巳晴　參番巳刻前依祈禱也來年二月六日御法會自般舟院注進也
今日殿下內覽寫進上如例
參番屬議奏　今日諸司代參　內揔詰當番計之仍不附帳書付不献上揔

詰之時候廊下不出廂諸司代參　內之時如是云々隆祐卿爲古老風諫之

六日戊午晴夜細雨

七日己未晴

八日庚申晴

九日辛酉晴　和宮御深曾岐

十日壬戌晴寒飛雪

十一日癸亥晴雪降　參番例刻

十二日甲子晴　自今夜三ヶ夜御神樂惣詰參仕指貫

十三日乙丑晴

十四日丙寅晴

十五日丁卯晴　受取參仕嚴君御代　和御會補參仕

有容朝臣中將拜賀申刻過行向戌半刻歸宅

十六日戊辰晴

十七日己巳晴　參番例時番流賀儀宿退出　右大辨已下轉任拜賀
十八日庚午晴　御煤拂也寅半刻參仕万事如〔例脱カ〕戌半刻退出
十九日辛未晴夕雪風　もゝはらひ
二十日壬申雪降
廿一日癸酉雪
廿二日甲戌晴　寒中見舞
廿三日乙亥晴　參番御神樂也摠詰指貫還御之節酉上秉燭出御御鈴畢入
御有御前指袴賜酒肴有
天酌御鬮水瓶茶椀等之事丑刻過御神樂畢有內內出御
廿四日丙子晴　官位御沙汰也侍從蒙　勅許猶家例雖法例外遲滯不肖身
過分之至也早速御礼廻勤先參　內議奏表使門院女御御帳議奏五軒　攝家
五軒內府九條大納言之別段申入於陽明以諸大夫御礼申入披露職事葉室
其余一門本家各行向風聽申入畢

侍從
敕許候珍重存候仍
早々申入候也恐々謹言
十二月廿四日　長順
〆万里小路侍從殿　長順

侍從
敕許候旨謹畏奉
候也恐々謹言
十二月廿四日　博房
〆　博房

廿五日丁丑晴　寒中
廿六日戊寅晴　甘露寺中御門等依拜賀前日行向
廿七日己卯雪風嚴寒　別當右少丞等拜賀予依未拜賀不行向
廿八日庚辰晴
廿九日辛巳晴　陽明參上諸大夫面會歲末御祝詞并來正月五日前駈之儀
被仰付御請且明一日御出迎依當番御斷申入女御參入歲末御帳直ニ參
番歲末御祝儀申上表使御帳表使雖說　今日以表使申上可然ト云々參
番尤差捨也御礼出座差袴ト云々左衛門督拜賀於御學問所御對面如例
宿番代退出

嘉永四年

日記

一和氣淸麻呂神號神陛（階カ）宣下始末　嘉永四年三月

嘉永四年三月十五日壬寅雨

一殘番也今日高雄山清麿社神階神號等　宣下陣儀也上卿源大納言建通卿辨左中恭光朝臣少納言宣諭朝臣中務輔（マヽ）少行道朝臣使神祇少副良祥朝臣奉行頭右中辨資宗朝臣等也

高雄山

贈正三位和氣清麿卿

被奉崇護王大明神授正一位々記

神號神階宣下次第

上卿著仗座奥　次職事來仰々詞　次上卿移著端座　次上卿令官人敷軾　次上卿以官人召外記問諸司　次上卿以官人召辨仰　神號之事辨退入　次上卿以官人召大內記々々參軾上卿仰々詞如職事　次內記持參　宣命草位記草入筥　次上卿披見畢賜內記々々候小庭　次上卿進弓場以職事　奏聞內記以筥相從先內覽　奏聞畢返賜仰可令清書由

次上卿歸著陣仰可清書事　於內記（此間取出位記置右方）　次內記持參清書入筥
上卿披見了內記退入　次上卿以官人召將監々々候小庭　次上卿仰
清仲（マヽ）事將監退入　次掃部寮立案於軒廊　次少納言主鈴將監等列立
案下　次上卿以官人召外記仰云中務輔候哉外記申候由上卿仰云召セ
外記稱唯退入　次中務輔著軾
上卿取出　宣命（置右方）賜位記筥於輔々賜之經小庭置位記於案上披之
次少納言捺印（中務輔於案上卷之）　次中務輔返上位記筥於上卿　次上卿披見了
中務輔退入（此間少納言已下退入）　次掃部寮撤案　次上卿以官人召內記賜
宣命位記（入筥）內記候小庭　上卿就弓場以職事　奏聞（內記以筥相從）先內覽　奏
聞了返賜　次上卿復座內記置筥退入　次上卿以官人召外記問使
參否外記申候之由　上卿仰云召セ使來軾　次上卿賜宣命位記於使々賜
之退出　次上卿以官人召內記返賜筥　次上卿令官人撤軾　次上卿起座

仰詞

萬里小路日記

八

正月

一日壬午天晴四海泰平幸甚々々子刻參

朝指貫四方拜揔詰也揔詰帳官次書注書附不献上流例也丑半刻

出御揔詰如例御叙（斂カ）重胤朝臣御裾資宗朝臣入御直ゝ退出寅刻過　參番

巳半刻陽明女御一条殿ォ參入年始御礼也御學問所御對面未刻亦有破

爾馬騎（障カ）子揔詰御齒固也節會戌刻被始臨期無出御丑刻過節會畢

元日節會公卿

臨不

左大臣尚　右大臣忠

臨不

內大臣輔　陣後續內辨

源大納言建

臨不

二条大納言齊　德大寺大納言公

野宮中納言定　　源中納言忠
中納言中將實　　式部大輔爲
右衞門督愛　　宰相中將基
大藏卿治　　左三位中將忠
右衞門督爲
少納言　　辨
宣諭朝臣　　胤保
次將
左中定章〻〻　　少基季〻〻
中定功〻〻　　少保美〻〻
少基敬〻〻
右中實麗〻〻　　少公前〻〻
少隆晃〻〻　　中忠愛〻〻

少家理〻〻
奉行　貧宗朝臣
二日癸未晴雪降
三日甲申晴回礼
四日乙酉晴回礼
五日丙戌晴新大納言殿御奏慶候前駈亘細別記畢
六日丁亥昨日和歌御會始并白馬節會脂燭等被觸依他出中今日請書差出
切紙如左
一來十八日御會始可令豫參之所勞子細可得御意候也
正月六日　博房
左衛門督殿
一白馬節會

出御可令候脂燭被
仰下候旨奉候也
正月六日　博房
頭中將殿

七日戊子晴　爲新大納言殿御出迎參陽明御出門已前參番著々到（今日脂燭雖被觸捴詰尙參勤也）建春門御出迎畢
午后陣被初出御捴詰不例國柄（栖カ）終入御也尤秉燭已前雖入御尙著束帶（巡方帶著魚袋）屆奉行無程退出可爲勝手ノ旨被申渡白馬御覽右捴詰次御學問所
御對面儲御燭中段（左右下段左右）厩ノ間中央（大一ッ）傳奏一人ハ節會御点一人不參仍直ニ入御盃出座天盃賜御未廣如例
臨不　白馬節會公卿　臨不

左大臣尚　右大臣忠
內大臣輔　右大將基
權大納言實　左大將忠
新大納言忠　四辻中納言公
日野中納言光　三条中納言實
侍從宰相宗　右大辨宰相俊
新宰相中將季　臨不右兵衛督實
侍從三位長　右大辨恭

少納言　辨
時言朝臣　經之

次將
左中實城ゝゝ　中政季ゝゝ
少公誠ゝゝ　少實在ゝゝ

少基敬〻〻

右中實麗〻〻　中通富〻〻

少隆詔〻〻　少公健〻〻

少定國〻〻

奉行　重胤朝臣

八日己丑晴

九日庚寅晴囘礼

十日辛卯降雨諸礼也松林院參　內巳半刻予先參　朝無程松林院參　內諸大夫間諸寺末座東面也非藏人隱岐世話相賴置也屆武傳內見相願之旨便申入亦職事第一へ內見ノ事申入置程無內見畢相濟ノ旨武傳申入御對面ノ事自武傳有沙汰御對面畢直ニ退出了今日上乘院參ノ內々見ノ事職事へ申入但自本人極﨟へ申入置間不及沙汰存可寄時宜台言両流第一へ御加治被仰付ノ由也被仰付ノ時ハ自武傳有沙汰云々

今日松林院襪失念聊不都合自后可心付事也
十一日壬辰晴
十二日癸巳晴
十三日甲午晴寒嵐參番無事
十四日乙未晴節分殘揔詰（蝕二字）過參　内先於小御所御對面出廂次御學問
所御對　（依三寶院門跡可尋）當番候雁間入御已前退出
十五日丙申晴
十六日丁酉右府公節會御參爲御出迎參上未半刻（差袴供 廂上下）申刻過御參先御
著陣直辨胤保内藏寮請奏御覽ノ後御起座自和德門御退出内々方へ御
參秉燭過陣破始右府公御參陣大納言實萬卿中納言行弘卿參來實德卿
才著陣史府公陣後ハ早出實萬卿同早出光成卿續内辨有
主上出御公卿堂上入御云々堂上終退出戌半刻
公卿

臨不左大臣尙

臨不內大臣輔

陣后早出權大納言實

姉小路中納言公

新中納言行　—〇、

宰相中將基

民部卿維

勘解由長官光

陣后早出史大臣忠

臨不九條大納言幸

續內辨廣橋大納言　〇、

臨期不參嚴君

右宰相中將實

右衛門督愛

左三位中將忠

少納言　　辨

時晃朝臣　　資宗朝臣

次將

左中定章ゝゝ　　中定功ゝゝ　　少公聰ゝゝ

少隆賢ゝゝ　　少保美ゝゝ

右中重胤〻〻　中實麗〻〻　少公前〻〻
少隆晃〻〻　少宗有〻〻
奉行　胤保
十七日戊戌晴　三毬打献上如例
十八日己亥晴
十九日庚子晴　舞御覽也辰刻參　內指貫當番也卯半刻有陪膳觸休息所取次如例
殿下御不參仍八景繪間無陪膳午半刻御料理拜領如例申半刻舞樂了
自今日薄色袴著用爲御届陽明參上
二十日辛丑晴　殘捴詰巳過參　內御對面如例
廿一日壬寅晴
廿二日癸卯晴　今日右府公へ和歌道入門也巳半刻參上狩衣奴袴　先以諸
大夫中入堅（竪カ）詠草幷誓狀才差上太刀馬代白銀拾両包檀紙上横目六同紙　同属諸大夫暫時
御對面ノ旨諸大夫案內御對面之上詠草返給賜御祝酒先吸物次御盃拜

領一献次賜肴右府公自挾賜次主献了相遣諸大夫之後各撤暫時御物語有之退出
以諸大夫御礼申上直ニ退出
誓狀如左中奉書同紙上包相認之上八ッ折
和歌道蒙御教訓候　詠草如左奉書上包　同紙
上者聊不可存疎意　寄道祝　博房—〇
候殊御傳授之条々　なきらけき君か御代とて
漫不可口外候若於　ことさらにはさへさかふる
相背者可蒙両神之　しきしまの道
冥譴候仍誓狀如件　まろ振神その昔につるへ
嘉永五年正月廿二日　侍従博房　きてんやさかへゆくことれ
右大臣殿　ものな
諸大夫中　御題者兼日所賜也

今夜戌刻北野天満宮正遷宮奉行資宗朝臣行事胤保才參向云々
廿三日甲辰晴
廿四日乙巳晴
廿五日丙午曇天夜雪降　參番例時來月六日仁孝天皇七回聖忌御法事附
献上内覽如例
廿六日丁未積雪
廿七日戊申晴
廿八日己酉雪降　陽明會始詠進懷紙同公宴
但無姓与依同姓
廿九日庚戌晴
卅日辛亥晴
二月
一日　壬子晴　參番辰半刻陪膳也休息所取次如例無御對面宿直如例但

明朝卯刻陪膳被觸之處殿下一条院宮ヰ不參仍不及參勤之旨自献奉行有沙汰仍退出卯刻

二日癸丑晴奉爲　仁孝天皇七回聖忌被行織法講自今日五ケ日也及今朝共行　中納言鈴倫（伶カ）四辻黄門ヰ依所勞故障之御斷也仍御請及遲々辰刻過漸被始云々朝座無出御予爲聽聞巳刻參上指貫御非時拜領御礼予無之夕座有出御暫時聽聞退出申刻今日散華殿上人隆聲朝臣輔季ヰ不下裾自余各下大臣前蹲踞如例其余無異義色目別記畢

共行公卿

左大臣尙　廣橋大納言光　臨期替日野中納言光

散華殿上人

定功朝臣　公誠朝臣　隆聲朝臣

輔季　經理　重實

伶倫　右宰相中將實

豊岡三位隨　　新三位中將實　　基安朝臣

臨期替公健朝臣

傳奏　野宮中納言

奉行　重晴朝臣

今日葩献上以使廝上下奉奏者所中鷹上包如左

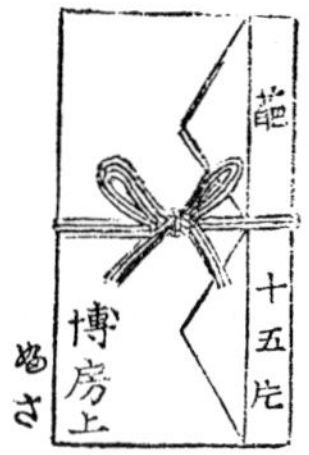

白青水引臺堅足先年雖操足今度堅足如上

葩天紅地紫草花繪赤帶

三日甲寅積雪晴天　泉山參詣御暇如例

四日乙卯陰天雪解

五日丙辰陰天

仁孝天皇七回聖忌御逮夜也於般舟院御法會如例嚴君御參向御法事如

法念佛導師二尊之處臨期般舟院勤行（今日盧山寺臨期不參依二尊院明日尊牌勤仕也）衆僧十五口

一口不參

著座公卿

高倉前大納言　綾小路按察使

五條式部大輔

散華殿上人

長谷大膳權大夫　裏松左兵衛佐

細川新藏人

奉行　光愛

六日丁巳陰天　御法會御當日卯刻參向（衣冠奴袴）御法事四箇法要導師盧山寺之處昨今臨期不參仍二尊院勤行其余無異義奉行同伴參內無異言上殿下同言上巳刻過歸宅

著座公卿
花山院前内大臣　久我大納言
正親町三條中納言
散華殿上人
河鰭侍從　芝山民部大輔
北小路江藏人
奉行　光愛
七日戊午晴夜雨　參番例刻
八日己未陰雨　關東使參　内總詰參仕巳刻過於小御所御對面如例未半
刻退出
九日庚申晴　春日祭社參鎭守神供如例
上卿德大寺大納言　辨經之

十日辛酉陰天　美生亭會始
十一日壬戌晴　聖廟參詣當年九百五十年万燈奉納參詣群集
十二日癸亥晴
十三日甲子陰雨　參番例刻
十四日乙丑晴摠詰巳刻參朝知恩院參　内也臨期無御對面　御草烟入拜
受自議奏衆被傳御礼以御表使申入
十五日丙寅晴　菅公九百五十年ニ付今日於社頭被行　敕會　廣橋大納
言光三條中納言愛才為著座公卿被參向奉行胤保法會四箇法要云々
十六日丁卯晴於下立賣釜座亭生活會
十七日戊辰晴春光大通長老才入來
十八日己巳陰天　安樂寺參詣
十九日庚午晴　參番例刻
二十日辛未晴

廿一日壬申晴祭主家僕河合齋活花會
廿二日癸酉陰天
廿三日甲戌晴
廿四日乙亥晴陰不定處々天滿宮參詣
廿五日丙子晴陰不定參番例時
廿六日丁丑晴學習院會讀
日本紀顯宗紀悉了　勢多會
廿七日戊寅晴陰不定
廿八日己卯晴陰不定
廿九日庚辰晴學習院講釋
中庸講師了三讀師雅五郎
三十日辛巳晴

後二月

一日壬午晴夜降雨參番巳刻御學問所御對面如例

二日癸未降雨揔詰參勤法中參　內也

三日甲申細雨風吹平松三位薨去去ル一日ニ付爲見舞行向歸路坊城三條ヘ
行向關東留守中見舞也

四日乙酉降雪陪膳被觸依所勞不參

五日丙戌晴

六日丁亥降雨勢多會

七日戊子晴參番巳刻法中參　內揔詰如例

八日己丑晴小林稽古歸路　靈光殿天滿宮參詣

九日庚寅晴學習院講釋礼記講善輔讀雅五郎

十日辛卯晴梅羽林亭行向

十一日壬辰曇天勢多會

十二日癸巳降雨
十三日甲午晴參番例時
十四日乙未降雨
十五日丙申陰雨
十六日丁酉陰雨
十七日戊戌晴陰不定
十八日己亥晴陰不定
十九日庚子晴陰不定學習院左傳會讀講師善輔當番遲參如例參番掛陽明
參上詠草入御覽
二十日辛丑陰晴不定出火三条御幸町邊云々
廿一日壬寅陰晴不定梶井天神參詣六条家行向
廿二日癸卯快晴
廿三日甲辰快晴

廿四日乙巳曇天
廿五日丙午快晴參番例時
廿六日丁未晴雷一聲暖氣
學習院會讀日本紀武列（烈記カ）記畢
廿七日戊申快晴來賓
廿八日己酉快晴淸水寺參詣歸路祭主齋推參
廿九日庚戌晴祭主齋行向

三月
一日辛亥晴勢多會
二日壬子晴參番例刻
三日癸丑降雨參賀鬪鷄献上如例六条家招請行向
四日甲寅晴

五日乙卯晴陰不定於東山亭一申合入夜歸宅
六日丙辰晴
七日丁巳晴　於梨本亭能催辰刻行向亥刻歸宅
八日戊午晴參番例刻
九日己未晴學習院講釋
　礼記　講師　善輔　讀師　了三
十日庚申晴美生亭會
十一日辛酉陰雨
十二日壬戌陰雨
十三日癸亥晴
十四日甲子晴參番例刻
十五日乙丑晴陰不定御能推參戌半刻退去
十六日丙寅風雨

十七日丁卯陰雨

十八日戊辰晴夜降雨

十九日己巳晴學習院左氏傳會讀宣公十四年悉了讀上十八予在此内

昨十八日諸司代初入太刀馬代送之嚴君ヨリ金二百疋太刀一腰予金百疋太刀一腰尤依所勞以使者申入旨先日傳奏觸有之

二十日庚午晴暑氣參番

廿一日辛未陰雨躑躅花見入夜歸宅

廿二日壬申晴

廿三日癸酉細雨屬晴嵐山遊行

廿四日甲戌陰雨竹内能平岩催

廿五日乙亥陰天

廿六日丙子晴參番例刻

廿七日丁丑

廿八日戊寅
廿九日己卯晴學習院講釋
中庸　講師　雅五郎　讀師　了三
三十日庚辰快晴

四月

一日辛巳快晴圓山汸寮生花會
二日壬午快晴當番々代　月次囃子興行
三日癸未晴夜降雨
四日甲申快晴
五日乙酉晴美生（亭カ）富會
六日丙戌晴
七日丁亥陰雨勢多會

八日戊子陰雨雷鳴參番例刻
九日己丑陰雨學習院講釋
　礼記　講師　善輔　讀師　雅五郎　勸修寺碁會入夜歸宅
十日庚寅晴有芳齋會
十一日辛卯陰晴不定稲荷祭礼
十二日壬辰晴
十三日癸巳晴夜降雨
十四日甲午降雨
十五日乙未快晴竹内能九郎右衞門催也
　聖護院祭々主別業行向
十六日丙申快晴生花會
十七日丁酉快晴賀茂祭也
使

重胤朝臣頭中將　瀧口　小舍人才隨從
山城使　内藏使　檢非違使
藤木本ノマヽ　種田　澤村
介　經寛　助貞行　右才ヽ少尉藤原成雄
堀川
右椿大尉治弘
十八日戊戌晴
十九日己亥晴左傳會讀成公元年悉了講師善輔
二十日庚子晴參番
廿一日辛丑晴勢多會
廿二日壬寅曇天午後降雨今日入梅也
高前亞相同伴宇治遊行
廿三日癸卯晴村雨山鼻遊行同伴同昨日

廿四日甲辰晴
廿五日乙巳晴所勞平臥
廿六日丙午晴當番依所勞不參
廿七日丁未晴細雨殘熱詰依所勞不參
廿八日戊申陰雨
廿九日己酉陰雨學院講釋
中庸廿六章了講了三　讀師雅五郎
三十日癸戊晴美生亭會

五月

一日辛亥陰天
二日壬子陰天參番例刻
三日癸丑陰天

四日甲寅陰天夜電光橋本亭行向

五日乙卯陰天參賀如例

六日丙辰晴勢多會

七日丁巳陰天細雨

八日戊午陰天白雨參番

九日己未陰天學院講釋

礼記檀弓下講師　善輔　讀師　了三

十日庚申陰天

十一日辛酉陰天雷鳴降雨入夜〔蝕〕自去月下旬日々雖陰天不雨降

植苗失時依之叡嶽雩感應雨忽然降

十二日壬戌降雨屬晴

十三日癸亥陰雨陰天

十四日甲子晴參番月食皆既

十五日乙丑晴
十六日丙寅雷鳴白雨强雷一聲自東第二坤角松破裂落于玆乎
十七日丁卯雷雨
十八日戊辰雷雨
十九日己巳晴夜白雨微雷　學院會讀
左傳成公二年悉講師　善輔　讀上十八予在此內
廿日庚午雷雨參番
廿一日辛未夕立
廿二日壬申晴
廿三日癸酉晴
廿四日甲戌晴
廿五日乙亥晴
廿六日丙子晴參番殿下參上來月廿日新清和院七回御忌被仰出昨日也御居也

廿七日丁丑晴
廿八日戊寅晴
廿九日己卯晴學院講釋
中庸廿一章了講師雅五郎　讀了三

六月
一日庚辰陰天細雨
二日辛巳陰天夕立
三日壬午陰天雷鳴參番土用入
四日癸未陰天
五日甲申降雨
六日乙酉降雨雷鳴
七日丙戌降雨微雷

八日丁亥快晴月次囃子於梨本興行
九日戊子陰雨雷鳴參番新清和院御法事附献上内覽如例
十日己丑晴暑中見舞
十一日庚寅晴暑中見舞
十二日辛卯晴暑中見舞
十三日壬辰晴
十四日癸巳晴女一宮親王宣下御所々々參賀近習輩計之依御用被召右大將被
申渡女一宮御違例ニ付爲御養生九條家へ今酉刻御下也其後御用之
節爲御使往來亥　嚴君御仰出之旨被申渡卽刻退出更ニ參　内御請
之事同卿へ申入
十五日甲午晴九条家參入女一宮御容躰伺爲之車寄代參入御帳尤狩衣也
參番例刻
十六日乙未晴雷鳴嘉祥〔　〕盃不被下使如例

十七日丙申晴申刻女一宮薨去自今日三日廢朝
十八日丁酉晴昨今酷暑爲御機嫌（伺脱カ）御所へ參入嚴君御所勞ニ付御名代
十九日戊戌新清和院七回御忌御逮夜也
般舟院參向卯刻狩衣奴袴両役參向附武家依一人不參取次面會御法會
法事三昧導師般舟院著座山科前亞相廣幡中納言持明（院カ）同前宰相散華
久隆朝臣保健俊堅
奉行頭中將
二十日己亥御當日也
般舟院參向正卯刻衣冠奴袴御法會如法念佛導師二尊院著座德大寺亞
相石井前黄門　侍從宰相　散華彈正少弼
刑部大輔　俊昌
御法會終奉行同伴無異言上殿下同如例
廿一日庚子晴參番

廿二日辛丑曇天細雨
廿三日壬寅快晴陽明參上詠草入御覽有芳亭行向
廿四日癸卯快晴
廿五日甲辰快晴
廿六日乙巳快晴勢多會
廿七日丙午快晴參番如例
廿八日丁未快晴晩風聊生涼
廿九日戊申快晴名越祓芽(茅カ)輪如例
學習院闕會

七月

一日己酉快晴
二日庚戌降雨夜霽伏見花火見物竹田奥田氏休所出舟天明歸宅

三日辛亥降雨
四日壬子降雨參番
五日癸丑曇天
六日甲寅晴
七日乙卯晴參賀飛鳥井家蹴鞠見物
八日丙辰晴知恩院御違例爲御見舞參入
九日丁巳降雨夕霽涼氣始生學院講釋
礼記檀弓篇了講師　善輔　讀師雅五郎
十日戊午晴暴涼參番
十一日己未晴御目出度事御盃不參使
十二日庚申晴夜甚雨坊城三条ヰ行向拜借金返納也一屬月番于坊城三条
屆計也御燈籠献上
十三日辛酉晴暑氣如元雜事繁多

十四日壬戌晴時々細雨双親番參仕如例早朝出門指袴殿下坊城甘露寺葉室中御門清〔閑脱カ〕寺藤波六條才行向巳刻過更出門門院陽明女御桂宮勧修寺才參入參番恐悦申上之後脱袍如例御塞之時詰両人宛如例秉燭御燈籠點火指貫出御無之旨被申渡之後更脱袍行水献酬無異義持參拝〔本ノ〕俯〔マヽ〕之橋本羽林寅斜退出

十五日癸亥晴

十六日甲子晴參番残炎尚盛

十七日乙丑晴

十八日丙寅晴御靈御出六條家行向深更歸宅

十九日丁卯晴學院會讀

左傳成公八年悉　讀師　善輔

廿日戊辰晴

廿一日己巳風雨夜甚雨烈風洪水三五橋落云々

廿二日庚午陰天六條學家入來　當番々代
廿三日辛未陰天
廿四日壬申晴陰不定梅別業小集
廿五日癸酉晴生涼
廿六日甲戌晴學習院和會讀
　日本紀繼体天皇廿二年讀師　勢多大判事
廿七日乙亥晴
廿八日丙子晴當當（マヽ）晝番代廣幡囃子　参宿酉刻
廿九日丁丑晴　學院講釋
　中庸了　講了三　讀善輔
三十日戊寅晴　蹴鞠會

八月

一日己卯晴細雨參賀太刀獻上如例
二日庚辰晴　昨日御德日也乃太刀申合今朝也
藤波家年寄予外祖母久々所勞之處終ニ養生不叶昨夜亥刻死去依之
著服如定式屆如左
武傳奉書四ッ折
外祖母昨夜死去候依之三十日假九十日著服候尤不令混穢候仍御屆
申入候也
八月二日　　博房
三條大納言殿
坊城前大納言殿
相番
自來四日小番依故障令不參候尙出仕之節自是可申入候也
八月二日　　博房

久我大納言殿――――

姉小路少將雖混穢中連名書載是非追可考

近衞殿御届切紙上包

侍從殿外祖母昨夜死去候ニ付三十日假九十日著服被致候此段御届被申入候事

八月二日　　　　　　　　　　　　　　　　　使

万里小路殿

學習院聽衆第一切紙

來九日學習院上丁祭祀依故障令不參候且献物不献上候宜預御沙汰候也

八月二日　　　　　　　　　　　　　　　　　博房

德大寺大納言殿

一族親類ホ各以切帋申入如例此余御斷之事　神宮上卿辨ホ候事無之仮玄關内玄關出入口表門居間籠居別火

三日辛巳晴今夜葬送也使者相遣

四日壬午晴

五日癸未晴

六日甲申晴

七日乙酉曇天

八日丙戌晴曉天降雨觀音廻り自下御靈到泉涌寺

九日丁亥陰雨學習院上丁祭礼過日以廻文被觸依故障不參仕

十日戊子陰天細雨

十一日己丑晴觀音廻り自六角到淸和院入夜歸宅

十二日庚寅晴

十三日辛卯降雨詣于妙心寺大通入夜歸宅
十四日壬辰降雨終日
十五日癸巳陰雨傳聞放生會上卿三條黄門
實愛卿 參議 辨經之 次將
十六日甲午陰雨
十七日乙未晴
十八日丙申晴
十九日丁酉晴上乘院見舞三室戸新三位亭行向
二十日戊戌晴夜雨降
廿一日己亥晴裏奥方入來
廿二日庚子陰雨夜烈風
廿三日辛丑晴
廿四日壬寅快晴嵯峨邊遊行

廿五日癸卯快晴

廿六日甲辰快晴

廿七日乙巳陰雨

廿八日丙午晴東山光雲寺行向登山

廿九日丁未陰雨

九月

一日戊申晴

二日己酉陰雨

今日忌明也沐浴清祓仮玄關徹札如舊除服出仕披露之事葉室ヘ賴遣

尤御神事後取計賴之旨別段書狀相添申遣了

所々挨拶使且入來之處不取敢以使挨拶
申入了

美濃紙上包

博房
除服出仕之事

三日庚戌晴
四日辛亥晴
五日壬子晴得解脱殿七回御忌内々御供養
六日癸丑晴御當日也圓通寺參詣墓參
七日甲寅晴
八日乙卯雨
九日丙辰陰雨
十日丁巳陰天
十一日戊午晴
十二日己未陰雨

十三日庚申陰天大雲院入來
十四日辛酉晴得解脱院殿七囘御忌也松林院御法會如御三囘忌御詣于御
墓今日御德日也
十五日壬戌晴未刻比出仕之事被告
除服出仕之事
宣下候仍早々申入候也恐惶謹言
九月十五日　長順
請文
除服出仕之事
宣下候旨謹奉候也恐々謹言
九月十五日　博房
相番廻文

自明十七日小番令出仕候仍申入候也

九月十五日　　　傳房

源大納言殿

卽刻御礼廻參先　禁中議奏表使　門院女御殿下陽明諸太夫御使挨拶廣橋當議

葉室披戢

十六日癸亥晴六條家行向

十七日甲子陰雨參番漢御會

十八日乙丑陰天

十九日丙寅晴學院左傳會讀讀上十三八

成公十六年悉了中院鞠會

廿日丁卯晴鞠會

廿一日戊辰晴德大寺鞠會

廿二日己巳晴今日午半刻皇子御降誕櫳（能カ）典侍忠純卿女

廿三日庚午晴參番參賀待賢門院
禁中御帳　御產屋今日參番以前參賀之事有說之（本ノマヽ）尤雖不苦當日ニ不
限事故翌日可然之旨之但可計時宜
廿四日辛未晴參賀　女御　御產屋中山家
廿五日壬申陰晴不定光雲寺參詣入夜歸宅
廿六日癸酉晴學習院不參
廿七日甲戌晴今日辨官轉任拜賀也日野　柳原　葉室　中御門才行向各
申置
廿八日乙亥晴
廿九日丙子晴皇子御七夜也昨日雖正當故女一宮百ヶ日也仍今日云云御所方御產屋才參賀參番辰
半刻恐悅表使如例
三十日丁丑晴蹴鞠會大坂吉兵衞來

十月

一日戊寅晴

二日己卯晴

三日庚辰晴六條蹴鞠會自辰至秉燭

四日辛巳晴六條蹴鞠會

五日壬午曇天細雨夜降雨參番例刻

六日癸未晴

七日甲申晴

八日乙酉晴寒風勢多會

九日丙戌時雨學習院講釋

礼記王制　講師善輔　讀師了三

十日丁亥晴

十一日戊子晴夜雨參番例刻

十二日己丑晴

十三日庚寅晴烈風朔平門院御正忌也般舟院御法會如例　嚴君御參向

奉行　頭中將

十四日辛卯晴武者小路鞠會

十五日壬辰晴野宮鞠會

十六日癸巳晴禁中御能

十七日甲午晴當番々代鞠會　宿明ヨリ依御用不參

十八日乙未時雨光格天皇十三回御忌於般舟院御法會御逮夜之卯刻參向

狩衣奴袴盧山寺臨期依所勞不參仍今日御導師般舟院勤仕明日御導師

二尊院勤仕也一紙四ツ折奉行武傳才へ差出　附武家取次面會如例

辰刻過御法會被始著座公卿散華殿上人云々畢無異申入各退散之後

直ニ歸宅

十九日丙申晴御當日也　嚴君御參向

學習院闕會

廿日丁酉晴　嚴君御當番代參仕

廿一日戊戌晴勢多會六条鞠會

廿二日己亥晴中御門行向拜賀前日也狩衣差袴

廿三日庚子快晴當番晝夜番代

經之侍中新補豐房右少辨才拜賀也先淸閑寺ニ行向爲附添先向左府亭前覽也於中門外二拜家司出逢次昇廊入妻戸著座家司出逢歸來申不出給之由直ニ屬家司前覽直手也歸路直ニ起座退出次參關白亭經之同時也是又不出給略如前覽次ニ禁中予先參　內內侍塞之事議奏當番申入塞具候由有沙汰量程內侍廻り之事以表使申入被仰出之時表使申來作法終被參內之方先拜此時申次之人ニ爲心得申入賀御礼議奏表使次ニ御對面以天盃一一自議奏有沙汰終テ御對面天盃才御礼同時之申上其後經之藏人所參入豐房直ニ退出予同退出之後行向中御門有饗應戌刻歸宅

廿四日辛丑雨降
廿五日壬寅晴鷲尾家行向能申合也
廿六日癸卯晴學習院會讀
　日本紀欽明御紀七年悉了　讀師勢多
廿七日甲辰快晴長順廷尉拜賀也爲慶行向和光元服是又行向
廿八日乙巳晴於東山亭能戌刻前各終
廿九日丙午晴參番請取今日宗弘卿經之才以近習經之依春日祭參向日參
　被免殘一ヶ日參勤之今宿依御神事退出

十一月

一日丁未晴
二日戊申晴時雨　卜合云々春日祭也上卿野宮中納言辨經之才參向予依服中籠居
三日己酉降霙今日服明沐浴鎮守拜礼

四日庚戌晴
五日辛亥降雨夕霽晩景自頭辨捻文到來
賀茂臨時祭舞人參仕之事被仰下則刻請文相遣且廿四日內見之事廻
文同時到來加承返却了
近衞殿參上右御屆以諸大夫申入歸路二舞延榮亭へ行向万端賴置直
〻歸路
六日壬子陰晴不定晝番代綾持兩家行向拍子合之節加入賴置且所々借用
物賴了
七日癸丑快晴東遊門入也（昨日以使賴遣所早速領掌）巳右近將監入來純〔マ〕式祝酒相遣相
傳狀一通持參到來了
午後早々舞人各參集兩社內見也各同伴先向下社（爲先下﨟）當日之儀万
端申合暫時休息向上社申合了歸宅秉燭前
八日甲寅降雨屬晴巳入來求子相傳

九日乙卯晴學習院講釋　巳稽古入來
礼記王制篇講師善輔　讀師
十日丙辰初雪三寸
十一日丁巳晴持明院申合辰刻行向午前歸宅
十二日戊午晴參番
十三日己未晴陰不定陽明家豊明節會習礼午後行向予辨代勤仕秉燭相濟
十四日庚申晴陰不定
十五日辛酉晴陰不定　東山參詣乘馬六太夫同伴
十六日壬戌晴於綾小路家舞合午前歸宅
十七日癸亥晴陰不定近衞殿臨時祭御習礼也
十八日甲子晴陰不定參番殿下參上昨日自飛鳥井天仁遠波御受有之爲恐
悅之
十九日乙丑晴寒嵐　學院不出仕

二十日丙寅雪

廿一日丁卯晴依雪解地濕新嘗祭也卜合人々

權中納言　定祥　參議　宗弘

少納言　時晃　辨　經之

外記　職學　史　亮功

侍從　有文　內舍人　信董

監物　正平　大舍人　業壽

主鈴　員矩

次將　左中　（丙合）定功　右中　忠愛

　　　左少　實在　右少　通善

大齋公卿　源大納言　源中納言

奉行　重胤朝臣

傳聞　出御酉刻過雖地濕猶被用晴儀万端無異被遂行云々

廿二日戊辰豐明節會右府公爲御出迎參上未刻御著陣有之自建春門御參直ニ經敷政門令著陣座給直辨胤保勤之事了自和德門御退出內々方ゟ先御參給御參之旨屆于奉行酉刻過陣被始臨期無出御右府公陣後御早出二條大納言中納言中將同早出之續內辨德大寺大納言子刻過見事了云々

公卿

臨不左大臣尚　陣後右大臣忠　臨不內大臣輔　陣後二條大納言敬　德大寺大納言純

中山大納言能　權中納言遂　野宮中納言祥　陣後中納言中將實　侍從宰相宗　菅宰相定　資宗朝臣　太宰大貳量　右衞門督理

少納言　辨

時晃朝臣　經之

次將

左中定章朝臣　少基季〻〻　中定功〻〻

實在〻〻　基敬〻〻
右中實麗朝臣中忠愛〻〻少宗有〻〻
通善〻〻　隆聲〻〻
奉行　重胤朝臣
廿三日己巳晴持明院拍子合午前歸宅
廿四日庚午晴參番辰半刻臨時祭內見之
廿五日辛未晴自今晩神齋
廿六日壬申陰晴不定參內青摺申出也
廿七日癸酉快晴臨時祭也予舞人勤仕次第別記了
公卿
內大臣輔　二条大納言敬　九條大納言幸　野宮中納言祥　源中納言礼
菅宰相定　左大辨宰相克
殿上人

公總朝臣　宗有朝臣　隨光朝臣

量衡　經度

使

公前朝臣

舞人

予　延榮　繼仲　光昭　藤原助胤

源常典

加陪從

保美朝臣　有仲〻〻　貞行　重袁

所作陪從

近峻

廿八日甲戌降雨

廿九日乙亥陰晴不定　學院講釋

周易比臥悉了講師了三　讀師雅五郎

三十日丙子陰晴不定參番今日經之近習入加儀也一尺硯蓋七種鯛卅五汁

酒伊二平一　三升別一升才也　茶山吹　三枚重小重才同持參

十二月

一日丁丑晴通房著袴同祝源亞相已下八九輩入來

二日戊寅晴陰不定寒中半過候臨時祭ゝ付彼是行向

三日己卯晴六条家行向

四日庚辰陰雨

五日辛巳晴

六日壬午晴參番

七日癸未晴

八日甲申晴今日從飛鳥井亞相天仁遠波傳被聞食依之參賀門院女御殿下

才同參賀

九日乙酉雪降

十日丙戌晴問上乘院所勞

十一日丁亥雪降

十二日戊子雪降參番辰半刻揔詰也但依執奏御用不附　淨華院參　內今度新任入院　今朝綸旨拜領自嚴君傳賜（傳賜カ）　御對面如例參　內之次第　記備忘

十三日己丑雨雪

十四日庚寅晴青蓮院尊應親王座主宣下也

嚴君爲上卿御參卯半刻辰刻過陣被始巳刻過御退出

辨　胤保　少納言　宣諭朝臣

大內記在光朝臣　奉行光愛朝臣

十五日辛卯晴寒中見舞行向

十六日壬辰陰雨煤拂
十七日癸巳陰天
十八日甲午晴參番請取申刻有揔詰差貫内侍所臨時御神樂酉刻過出御御鈴終入御召御前酒肴御鬮賜之如例亦内々有出御
十九日乙未晴向六條家
廿日丙申晴向德大寺家
廿一日丁酉晴
廿二日戊戌雪降
廿三日己亥晴御煤拂也寅半刻參　内鬮已下如例万端無異秉燭比点檢戌半刻歸宅了持參物局催酒二升九寸硯蓋五種杉盛巳刻比持參
廿四日庚子晴夜降雪參番例刻
今日午半刻自武傳有召一通昨日到來仍參仕之處届武傳無程自公香朝臣被申傳學習院講釋准不闕御褒美拜領之旨之尤不及指貫且於御

對面無之旨被示了暫而於鴈間賜之其儀先中課之人拜領次下課之人
次不闕輩次准不闕之輩也各兩役列坐院傳學頭同候傳奏御褒詞被讀
上終自學方金三百疋入硯蓋次第取之自最末人頭賜被傳
硯蓋返上

一礼自下﨟退坐御礼之儀本番所之人々同時於
廊下議奏面會ニテ申入次表使申上御返答如例御礼ケ處自第一院傳
へ示談之處以一帋被示如左
不闕御褒美御礼
當御所　殿下　武傳　議奏　院傳奏　學頭
右武傳已下歳末ニテモ幸便之節可被行向候
尤父祖不及御礼候事
今日賜課人々幷不闕准不闕如左
公純卿　資生
右賜中課

公睦卿　敎忠卿　員光卿　俊賢卿　久睦朝臣　宣諭朝臣　勝長
基祥
右下課
勳光　延榮　公香朝臣　予
實梁
右不闕　右准不闕
廿五日辛丑晴雪解深泥御礼廻勤昨日依當番今日各行向
廿六日壬寅晴
廿七日癸卯晴
廿八日甲辰晴狩衣奴袴鞠道門入也兼日嚴君爲御口入両家仰入之處今日入
門之事以書狀被告去廿五日也且今日嚴君御同伴本儀之處御用參朝ニ
付予一分元不苦之旨被示了仍一分行向併有義今日入門也依父卿有
容卿同伴候間幸親族之義同伴行向先飛鳥井以雜掌今日入門幸悦之

旨申入無程小書院拾遺三品面會亞相所勞之間名代之由被申述先吸物帋式盃申受次返納次有義被申受返納次有容卿被申受献酬之事終直〻起坐立歸有礼直〻向難波家次第同上無異儀但侍從宰相當番之間侍從面會献酬畢直〻起坐立歸礼同上

今朝両家以使太刀馬贈之雜掌面會後刻參入之節披露之事且馬代本儀銀壹枚之處任例方金二百疋入魂之旨賴入目錄如左檀帋二枚重

御太刀　一腰　金ツバ太刀如例

御馬　一疋

檀帋二ツ折

御馬代

金二百疋

万里――　已上載目錄臺

侍從三品へ末廣贈之奉書上包載末廣臺

於難波家同樣贈之各今朝以使申入
廿九日乙巳快晴歳末禁中女御陽明才行向差袴著用流例之

萬里小路日記

正月

一日丙午天晴四海泰平萬福幸甚辰半刻出門參于陽明家御出迎也右府公御不參大納言御對面如例巳刻過令參　朝給御出迎之義如例未刻過御退出參女御給是又御出迎申上直ニ御退出未半刻

嚴君節會御參秉燭過臨期無出　御戌刻陣被始　嚴君陣後御早出戌半刻今夜左府公二條大納言近衞大納言　嚴君　菅宰相著陣菅宰相外各陣後早出也

節會公卿

陣後出　　　　　　　　不　　　　　　　　不
左大臣尚　　右大臣忠　　內大臣輔

陣出　　　　　　　續內辨　　　　　　陣早
二條大納言敬　　德大寺大納言公　　近衞大納言忠

陣早

嚴君　四辻中納言公　三條中納言愛
菅宰相定　右衞門督長　右宰相中將德
左兵衞督堅　三位中將忠　新侍從三位典
少納言　辨
信篤朝臣　胤保
次將
左中定章　中隆晃　少基安　少公誠　少保美
右中公正　少公前　中通富　少家理　少隆聲
奉行　重胤朝臣

二日丁未晴　藤〔祭脫カ〕主　六大夫等年始礼入來
三日戊申晴　參番奴袴以表使御礼申上御學問所出御如例今夜御盃出座
天酌賜御末廣等如例

四日己酉晴　殘惣詰參勤申刻退出
両家蹴初也退　朝直ニ向飛鳥井家出席一座終直夕難波家出席一座終
直ニ歸宅酉刻
五日庚戌晴　囘礼
上乘院自舊年所勞之處終養生不叶卒去實昨夜　依之　嚴君十日予二十日
稱所勞引籠尤依所勞引籠之間門玄關注連餝不撤之如尋常屆書差出
自來九日小番依所勞令不參候
尙出仕之節自是可申入候也
正月五日　　博房
相番連名
右一帋奉書四ッ折如例
陽明御屆
自今日中納言殿十日侍從殿二十日依子細所勞被引籠候依此段御

屆被申入候以上

正月五日　　万里小路殿使

明後七日御出迎之儀依所勞御斷被申上候以上

正月五日　　万里小路侍従殿使

右切帋二通諸大夫ニ差出承知之事聞置自他所借用ノ品々各夫へ返却了

一族親族所勞之儀故別段不風聽

六日辛亥晴

七日壬子晴

傳聞　白馬節會公卿

公卿

左大臣　右大臣　內大臣　右大將基

三條大納言實　左大將忠　新大納言雅
權中納言公　新中納言有　中納言中將具
侍從宰相宗　新宰相中將基　右大辨宰相資
大藏卿治　勘ヶ由長官光
少納言　辨
宣諭朝臣　長順
次將
左　中實城　少基季　中定功　少公総　少基敬
右頭中重胤　中實麗　少隆韶　中忠愛　少定國
奉行　光愛朝臣

八日癸丑晴

九日甲寅晴

十日乙卯晴
十一日丙辰陰雨
十二日丁巳晴
十三日戊午晴
十四日己未晴
十五日庚申快晴
十六日辛酉晴　眞如堂墓參
十七日壬戌晴　詣清水寺
十八日癸亥晴　春寒更冴
十九日甲子晴　嵐
二十日乙丑晴
廿一日丙寅降雨
廿二日丁卯晴

廿三日戊辰晴　知恩院參詣
廿四日己巳晴
廿五日庚午晴　出仕也差袴禁中議奏表使門院　女御　殿下　陽明諸大夫
等參入御機嫌伺
相番出仕廻文相遣如左
従來廿七日小番令出仕候仍申入候也
正月廿五日　博房
相番交名
參朝ノ節自議奏衆被招不相變御年玉拜領之旨被申渡以相傳畏申述以
表使更御礼申上返答承知直ニ退出
廿六日辛未陰雨
廿七日壬申陰天　參番例刻　今夜初庚申御鬮賜之去十五日御延引也於議奏役所賜
之次第拜受御品予おもし拜授男女一筋ツヽ落手之上以非藏人議奏に申入次以表使御

礼申上如例
去十五日予子細所勞籠中也仍拜受否哉之事及尋問之處任先規拜受ノ旨被示則拜領了
廿八日癸酉晴
祐宮御箸初云々番所恐悦申上之儀無之御内々叓
廿九日甲戌陰天未後雨降　梅溪行事入夜歸宅
三十日乙亥晴

二月

一日丙子晴勢多會　午後鞠會
二日丁丑晴
三日戊寅晴參番辰半刻摠詰關東使參　内也出御如例
四日己卯晴

五日庚辰陰雨　仁孝天皇御正忌御逮夜也卯刻過向于般舟院差称御法會
例時二尊院臨期不參導師操替如例女房衆一人參詣取次不詰　禁中女
房無參詣
六日辛巳陰天　御當日　嚴君御參向御經供養導師若王子權僧正題名僧
三口著座公卿德大寺大納言　三條新中納言　右宰相中將　殿上人
河鰭侍從　穗波左京大夫　藏人　出納已下如例
　奉行　重胤朝臣
七日壬午快晴
八日癸未快晴　中山亭鞠會
九日甲申快晴　當番稱所勞不參廻文兼日申入
傳聞　春日祭上卿　三條新黃門公辨胤保
十日乙酉快晴
十一日丙戌快晴

十二日丁亥快晴　知恩院入來
十三日戊子陰雨
十四日己丑晴陰不定　觀音三十三番參詣
十五日庚寅快晴　參番例所
涅槃會ニ付如例有捧物予色紙文画（匣カ）臺二重操目録大有合方下札

博ぬさ

無上文字參番之節持參屬于番頭々々取集屬于議奏入夜有闔於議奏役所
故ニ如例品物落手ノ上御礼等之事一切無之但於御所勞御掛物拜領右御〻云々傳聞ノ事ナリ可取調了
十六日辛卯快晴　藤祭主別業所ヨリ東山遊行
十七日壬辰晴夕陰雨　于栄山光福寺行向
十八日癸巳陰天後晴　勢多會
十九日甲午晴　學習院開筵狩衣差袴
尚書　爲定卿　論語　牧善輔
論語　大澤雅五郎　論語　中沼了三

講釋了如例賜饅頭分配之後各退出

二十日乙未晴　鞠會

廿一日丙申晴參番　箱銘執筆被　仰付

宿依所勞退出明朝　水無瀨宮御法樂也

廿二日丁酉晴　仙蝶舍生花會

廿三日戊戌晴　日野西鞠會午後野遊到將軍池

廿四日己亥晴

廿五日庚子晴　難波家稽古會

廿六日辛丑晴　學習院會讀

日本紀欽明紀悉了讀師勢多大判事

廿七日壬寅晴　參番續日本紀御會

廿八日癸卯晴　日野西稽古

廿九日甲辰晴　學習院ニ會講釋

易　講雅五郎　讀了三
日野西家雛子秉マ、野家

三月
一日乙巳曉天降雨属于晴　勢多會
二日丙午晴
三日丁未晴　參賀例之通
鬪鷄献上如例石野少將入魂
四日戊申晴申下刻降雨入夜風雨　參番宿直
五日己酉晴嵐山盛花云々昨夜風雨可惜々々
六日庚戌晴　勢多會
七日辛亥晴
八日壬子陰雨　難波家稽古

九日癸丑陰天又寒　學院講釋
礼記王制　講師善輔　讀師了三
十日甲寅陰天　參番宿直夜甚雨
十一日乙卯陰天　御樂始也殘揔詰參仕依陪膳被觸差貫著用申半刻退出
十二日丙辰晴　勢多會
十三日丁巳晴　晩降雨
十四日戊午快晴　石淸水臨時祭也
庭座公卿
内　大　臣輔　一條大納言忠　德大寺大納言公
四辻中納言公　三條新中納言公　右宰相中將實
右大辨宰相資
殿上人
雅恭朝臣　有文朝臣　通禧朝臣

定輯　和光

使

定功朝臣

舞人

資生　延榮　春顯　光昭　大江俊堅　大江俊昌

加陪從

基敬朝臣　公述朝臣　泰盛　敍光

所作陪從

景典　季資　忠彥　久嘉

人長

安陪季愛

十五日己未快晴

十六日庚申陰雨終日　參番

十七日辛酉快晴　清水寺參詣
十八日壬戌晴　鞠會
十九日癸亥陰天　學習院會讀
左傳襄公五年悉了
二十日甲子甚雨
廿一日乙丑快晴　勢多會
廿二日丙寅晴參番　明日御能道成寺有習礼議奏當番等總議簾中也
廿三日丁卯陰雨　御能也終日拜見亥刻退出
廿四日戊辰快晴　晴明社參詣當年八百五十年忌云々此比開帳也右靈室
也丈御門申入入夜歸宅
廿五日己巳陰雨　飛鳥井家會始也（兼日切帋申來）午半刻過著鞠裝束行向未半刻
被始出席人三十余人近代人多人數云々一座了有祝酒（目免許無之人々各早出）一同亭
主盃申受後歸宅秉燭前

廿六日庚午晴　學習院會讀
日本紀敏達悉了　會頭大判事
廿七日辛未快晴　唐崎遊行
廿八日壬申陰雨　參番
廿九日癸酉陰雨　殘揔詰參仕法事參　內也臨期無　御對面　學習院不
參今日揔詰雖巳半刻　准當番不參可然哉德大寺亞相被申則今日不行
向
三十日甲戌晴　日野西亭稽古六家會

四月
一日乙亥晴　圓山生花會
二日丙子晴　勢多會
三日丁丑晴

四日戊寅晴午後降雨　番代常盤井殿御能參上
五日己卯陰雨　日西稽古
六日庚辰陰天　眼明也沐浴
廣幡　三室別業　六條等行向
七日辛巳陰天　鞠會
八日壬午快晴　吉田亭行向
九日癸未陰雨　學習院講釋
禮記　講師　善輔
讀師　雅五郎
十日甲申陰天　參番
十一日乙酉晴　日西稽　行向于祭主亭
十二日丙戌晴
十三日丁亥陰天

十四日戊子陰天
十五日己丑欲晴亦降雨　聖護院祭礼祭主別業行向
十六日庚寅晴　參番　朝勢多會
十七日辛卯晴
十八日壬辰晴　日西終日鞠
十九日癸巳晴　學院會讀
左傳襄公九年悉了　會頭善輔
鞠會
二十日甲午晴　六條家鞠會
廿一日乙未晴　難波家稽古會
廿二日丙申陰天　參番
廿三日丁酉快晴　殘摠詰指貫被許馬外如例賀茂祭也使隆晃朝臣尋常束
帶傘紅白梅其余無風流附物

廿四日戊戌晴　猶子來面會祝酒如例
廿五日己亥晴　竹陰生花會丸太町別業入夜歸宅
廿六日庚子晴　學習院會讀日本紀推古十年悉了讀上十人予在此内
廿七日辛丑晴　三條西鞠會
廿八日壬寅晴　參番巳刻爲關東使諸司代參内摠詰如例但不出廟
廿九日癸卯曉天雷鳴　學院講釋
　易經　講師雅五郎　讀師了三
三十日甲辰晴　宇治遊行高瀨上下乘船

五月

一日乙巳晴
二日丙午降雨　高倉家囃子
三日丁未晴夜降雨　祭主會鞠會

四日戊申晴　參番

五日己酉晴　參賀如例

六日庚戌晴

七日辛亥晴　野宮鞠會

女御々方准后宣下也陣之儀上卿源中納言建通卿　辨長順　奉行　光愛
朝臣

禁中　准后等參賀　今日當番殿上人無人ニ付陪膳參仕之叓昨日被觸
計程入魂退出是流例也

八日壬子晴　難波家稽古會　入梅

九日癸丑晴　學院講釋

礼記王制了講師善輔　讀師了三

十日甲寅陰雨　參番

十一日乙卯陰天　西稽古　于柳貫首別業

十二日丙辰陰雨　行向于吉田
十三日丁巳陰天
十四日戊午晴　梅溪鞠會
十五日己未降雨雷鳴　両三輩入來
十六日庚申降雨　參番
十七日辛酉降雨　竹内能
十八日壬戌降雨　勢多會賀茂川出水仮橋悉落云々
十九日癸亥降雨夕霧　日光初見　學習會讀左傳襄公十二年悉了　讀師善輔
二十日甲子晴　難波家稽古
讀上十八予在此内
廿一日乙丑陰天
廿二日丙寅降雨　參番
廿三日丁卯晴　季丸事所勞ノ處養生不相叶死去了

廿四日戊辰拂曉降雨　今曉季丸松林院へ養生退出
無服殤屆差出如左
武傳　番頭（三日ノ中不當番仍番頭へ申入）
弟昨夜卒去候依之自昨夜依無服殤三ケ
無服殤三日假候尤日引籠候仍申入候也
不令混穢候仍御屆
五月廿四日　博房
申入候也
中山大納言殿
五月廿四日　博房
三條大納言殿
坊城前大納言殿
陽明家御屆　切帋
中納言殿末男昨夜卒去候ニ付無服殤中納言殿二日侍從殿三日被引籠
候仍此段御屆申入候事

五月廿四日　万――殿使
一家親族別段不申入但六條ハ格別ノ事故申入了
廿五日己巳晴　涼光院今夜送葬畢
廿六日庚午晴　爲伺　御機嫌出仕差袴先參陽明取次キ置次　后御帳次
參內議奏表使如例次殿下取次次門院申出歸宅
頭右中通入來來廿八日可申行宿侍從朝之間爲對陽參會之事被相賴容
易事領掌畢無程捻文到來悉（委カ）細記別畢
廿七日辛未晴　祭主亭行向
廿八日壬申晴　卯半刻參　朝著束帶尋常新貫首宿直始後朝ノ儀被申行
爲對　長順束帶予等出座於彼流本人出座ノ後先六位著座侍主殿司ノ
案內雲容（客カ）著座中ノ臺般（盤カ）与予一流皆末ノ臺盤ニ著座先例也今日長順先
被著末臺盤依貫首之目更昇著中臺盤聊不都合也且献盃巡流一献也於
當流三献候事也其余無異儀事終自下藤退出且仰罷（マカリ）之事不見是又於

彼流者無之哉辰刻過事終退出

新貫首爲挨拶　來且着到來一折爲答礼行向畢更參番

廿九日癸酉晴　學院講釋

周易　講師了三　讀師雅五郎

常盤井殿御袴能參上

六月

一日甲戌晴　於西目亭日次囃子

清閑寺行向侍中拜賀前日也　參殿下昨日御礼也

二日乙亥晴朝細雨降　清閑寺新補奏慶爲夜行向

三日丙子晴　狂言會八九輩入來

四日丁丑晴

五日戊寅晴　參番　和御會

六日己卯晴
七日庚辰晴　六條鞠會
八日辛巳晴
九日壬午晴　妙莊嚴院三十三回御忌於般舟院被行卯刻向于般舟院衣冠奴袴　御法會法華三昧無異義兩役詰如例　新中納言宗　爲御代香被行向著座公卿德大寺大納言公　右宰相中將季　散華　哲長ニテ弘豐差次
日武家取次面會如例辰半刻事畢直ニ參　內言上但奉行長順兩寺兼帶之間直ニ被行向泉山仍予一人先參　內次參殿下如例
十日癸未晴
十一日甲申晴　當番依所勞不參受取夏長江入魂且所勞之間隆韶朝臣名目之事入魂畢
十二日乙酉晴

十三日丙戌晴　勢多會
十四日丁亥晴
十五日戊子晴　經之廷尉拜賀行向申出　日西稽古
十六日己丑晴　嘉祥御盃不參使如例
陽明參上大納言殿御目見之御囃子御能ヰ有之御晒布一疋爲御祝賜之
天明退出
十七日庚寅晴　當番晝阿侍從ヨリ番代宿參勤
十八日辛卯晴　難波稽古
十九日壬辰晴　學院左傳會讀
左傳襄公十四年悉了讀上十八如例
二十日癸巳晴　微雷
廿一日甲午晴
廿二日乙未晴　雷鳴爲雩叡嶽点火

廿三日丙申晴　雷鳴　參番例刻御晒布并御末廣賜
廿四日丁酉晴　雷鳴　六條家蹴鞠會
摺薄装束両家ヨリ免許為礼即刻両家江行向且看一折送之悉（委カ）細別記畢
廿五日戊戌晴
廿六日己亥晴　學習院會讀
日本紀舒明紀元年迄讀師大判事予在讀上内
廿七日庚子晴　雷鳴降雨去自廿四日至今日不雨降所為雩　今日甘雨龍
神感應与（歟カ）
廿八日辛丑晴　日野西稽古
廿九日壬寅晴　參番
三十日癸卯晴　名越抜（祓カ）如例
七月

一日甲辰晴
二日乙巳晴　參番
三日丙午晴　勸修寺鞠會
四日丁未晴　墓參如例
五日戊申晴　日野西鞠稽古　午後難波同上
六日己酉
　七夕御會詠進屬于奉行左大丞相公
　　穐日同詠七夕鞏　和歌――
鎭守神饌如例
七日庚戌晴　參賀如例
　飛鳥井難波家蹴鞠會秉燭歸宅
八日辛亥晴　參番
九日壬子晴　學習院講釋

礼記曾子問　講師　善輔　讀師　雅五郎

十日癸丑晴　六條鞠會

十一日甲寅晴風吹　御目出度事御使不參使如例

十二日乙卯晴

十三日丙辰晴

十四日丁巳晴降雨去月廿七日降雨已來無一滴之雨可謂甘露　早朝出門

著袴殿下已下一門親族行向巳刻更ニ出門廻礼參番脫袍已下如例秉燭点火無出御且別段被申渡當年者自關東有奏聞之叓之間以殿下思召万端靜謐可然之旨雖然例發駕ハ為祝義之間不苦之旨被申渡之間各勤謹宿直寅斜退朝

十五日戊午晴陰不定

十六日己未晴大文字見物向川原

十七日庚申晴

十八日辛酉晴
十九日壬戌晴　學習院左傳會讀
左傳襄公十八年悉了讀師　善輔
二十日癸亥晴　參番　般舟院注進內覽ノ後献上
來九月二十日　後光明院二百回忌也
廿一日甲子晴　自去十六日比長星見酉戌之方慧星ト云秉燭ノ出現初更
山ニ入陰陽頭勘進ニ去月來無雨也仍見云々
廿二日乙丑晴　難波稽古
廿三日丙寅晴
廿四日丁卯晴日野西稽古
廿五日戊辰晴晩ノ立タカ漸地濕
廿六日己巳晴白雨聊降　學院會讀
日本紀皇極元年悉了讀師大判事

參番遲　切帋差出如例　午前參番
大樹薨去ニ付自今日五ヶ日廢　朝之旨被示了
廿七日庚午晴
廿八日辛未晴　大樹薨去ニ付關東安否尋問之爲諸司代行向辰刻過出門
（著衣奴袴供廝／上下）井太夫同伴申置也自家僕名札令差出［萬――侍從］別帋令一
遠見候物ニ折授今度行向順番外ト云々
廿九日壬申晴　學院闕會

八月

一日癸酉晴　依廢　朝中如平日太刀不献上
二日甲戌陰天夜聊降雨地漸濕
三日乙亥陰天風雨夜又風雨雖然樹下ハ尚未濕
參番今日御贈經使ニ被　仰出實ハ過日右内命云々

四日丙子昨三日八朔献上之太刀献上如例
傳聞故將軍家慶公贈位贈官陣　宣下
上卿　　　辨　　　少納言
奉行
五日丁丑晴　學習院釋奠午一點出仕衣冠指貫供廝上下
先一同拜礼次儒者各講釋各詩經天保了退出午半刻
賜菓子如例丁祭腊任例入魂明後日申出云々　今日刻限雖午刻格別可申參也
六日戊寅晴
關東贈經使　德大寺前内府准后使　綾小路三位俊賢卿
贈官位宣命使　少納言宣諭朝臣等今朝出立也
七日己卯陰天細雨午後屬晴初生凉氣虫吟月
八日庚辰晴　西齊（マヽ）稽古
九日辛巳晴　參番受取

十日壬午晴　園亭鞠會
十一日癸未陰天晩景鞠會
十二日甲申陰雨風吹六月以來無雨河水盡井涸今日甘雨幸甚
十三日乙酉陰天屬晴
十四日丙戌晴
十五日丁亥晴明月淸光
參番例刻有月御覽無摠詰ノ事
放生會參向上卿源中納言忠宰相中將基次將隆韶朝臣基季朝臣辨豐房
十六日戊子晴　西稽古　勢多會
十七日己丑晴
十八日庚寅晴　鞠會
御靈會延引關東大樹薨去世間停止之故也
十九日辛卯陰天細雨　學院會讀

左傳襄公廿一年悉了讀師善輔　讀上十八了(予カ)在此内

難波稽古

二十日壬辰陰天

廿一日癸巳晴　參番

廿二日甲午朝降雨後晴

廿三日乙未快晴

廿四日丙申曇天日野西終日鞠會

廿五日丁酉晴　難波家月次蹴鞠行向摺薄白袴立烏帽子

今日催胤房朝臣過日廻文到來

廿六日戊戌晴　學習院會讀

日本紀皇極紀悉畢講師大判事讀上十八如例

廿七日己亥晴　參番宿番代退出

廿八日庚子晴　宇治遊行

廿九日辛丑陰雨滂沱雷鳴强雷一聲落林寺里坊
學院講釋易經上經悉了講雅五郎讀了三難波稽古
卅日壬寅　日野西稽古

九月

一日癸卯晴夜降雨　勢多會　六條鞠會
二日甲辰陰天細雨
三日乙巳晴　參番
四日丙午晴　六條鞠會
五日丁未陰天細雨
六日戊申晴
七日己酉晴　關東御使各復命
八日庚戌陰天細雨午後得晴　鞠會

九日辛亥晴參賀如例當番晝番代但陪膳參仕暫時酉入魂退出　日野西鞠會　宿直

十日壬子晴

十一日癸丑晴　例幣使出立爲送行向巳過刻午過無異出立　陣儀上卿德大寺大納言辨奉行　午後鞠會

十二日甲寅晴　六條鞠會

十三日乙卯晴

十四日丙辰晴　日西稽古

十五日丁巳晴　參番例刻

十六日戊午細雨午後得晴　勢多會

十七日己未晴　六條鞠會

十八日庚申晴　御靈祭礼去月延引依停止　賓客四五輩磐姫殿離別內祝

十九日辛酉晴向于般舟院狩衣奴袴後光明院二百囘聖忌御逮夜也武傳三條

亞相議奏橋本前亞相奉行胤保朝臣等也著座散華等無之御先例云々
二十日壬戌陰天　御當日　嚴君御參向著座公卿德大寺大納言大炊御門前中納言東園小宰相中將　散華　量衡　極﨟奉行同昨日
廿一日癸亥晴　參番
廿二日甲子晴　勢多會
廿三日乙丑晴　午後參　內陽明御出迎也
禁中水干鞠御覽也未半刻各下殿小御所南庭江著鞠裝束出御之後次第參進著坐各厚帖大臣絕席　殿上人圓座　蹴鞠有三坐
出座人々
右大臣　內大臣　飛鳥井大納言著坐計　野宮中納言　家君　新中納言
卜二位　勘ヶ由長官
新侍從三位　刑部卿　綾小路三位　三室戶新三位　武者小路三位
大宮三位　通善朝臣　宗禮朝臣　勳光　延榮　泰顯

廿四日丙寅晴　家君御猶子有之兩八山門
廿五日丁卯晴　六家行向
廿六日戊辰晴　學習院會讀々上十八予在此内
日本紀大化二年二月悉了會頭大判事
廿七日己巳晴　參番
廿八日庚午晴　日野西稽古
廿九日辛未晴　學院講釋
易經　講師丁三　讀師雅五郎

十月

一日壬申晴　吉田家行向
二日癸酉晴　高倉活花會
三日甲戌晴　勢多會

四日乙亥陰天暫降雨　參番　關東使脇坂淡路守參　內臨期無御對面

御玄猪申出如例

五日丙子晴　日西稽古　午後六家鞠會

六日丁丑晴　勢多會

七日戊寅晴

八日己卯陰雨　竹內能吉田棧敷行向

九日庚辰晴　學習院講釋今日範献上摠テ如嘉永二年但臺竪足シ

礼記　讀（講カ）師善輔　讀師雅五郎

嵯峨通遊行　高藤等同伴

十日辛巳晴　參番御講內見也右府公御出迎參上午後內見了

十一日壬午時雨

十二日癸未晴　參向于般舟院新平（朔脱カ）門院七回御忌御逮夜也衣冠奴袴今日御講有詰仍著衣冠

參向直ニ參　朝遲參之事以切帋番所へ申入リ御法會如例導師般舟院著坐公卿高倉前大納言四辻

中納言正親町宰相中將　散華　行道實知俊堅　議奏　右大將武傳三
條亞相ハ代香綾小路三位　奉行　長順
附武家面會等以下如例
歸路參　內御講聽聞御非時拜領之後退出今日詰可著奴袴而御法會參
向是又奴袴著用仍不及沙汰爲後記畢
十三日甲申晴參向于般舟院御當日也衣冠奴袴御法會如例導師二尊院著坐
源大納言　源中納言　左宰相中將　散華　哲長ニテ資生藤助胤
十二日十三日兩日奉爲新朔平門院七回聖忌於省中被行讖法講共行公卿
右大臣　德大寺大納言公　新中納言宗　散華殿上人　公前朝臣　隆
賢朝臣　隆意朝臣　具視　夏長　經度
倫　笙實麗朝臣　篳篥　大宰大貳　笛　萬里小路中納言　琵琶　新
三位中將　箏　四辻中納言　豐岡三位　議奏　三條中納言實　奉行
胤保朝臣　迄習輩兩日之內一日三番ツヽ爲詰參上奴袴著用御講聽聞御

非時拜受見合程退出也
奉行　長順　議奏　橋本大納言御代番兼役
武傳坊城前亞相　附武家面會等如例
十四日乙酉陰天　勢多會
十五日丙戌晴　日西稽古
十六日丁亥晴　參番　御玄猪申出
十七日戊子晴　堀川鞠會
十八日己丑陰雨　勢多會　藤祭主亭生花會
十九日庚寅時々時雨　學習院會讀
左傳襄公廿三年丁　講師　善輔
二十日辛卯晴　長官亭蹴鞠入夜花花ヽ宴
廿一日壬辰晴
廿二日癸巳晴　參番

廿三日甲午晴　勢多會　六條家鞠會
廿四日乙未晴
廿五日丙申晴　難波家鞠會
廿六日丁酉晴　學院會讀
日本紀大化三年悉了　讀師大判事
廿七日戊戌晴　吉田家ニ向
廿八日己亥時雨風吹　參番　亥子如例
廿九日庚子晴　鞠會　學習院闕會依御口切也
三十日辛丑晴　陽明參上御鞠也

十一月

一日壬寅時雨　日西稽古
二日癸卯晴　六條鞠會

三日甲辰晴
四日乙巳晴　參番例刻　今日卜合也
申半刻自新嘗奉行廻文到來則卜合出仕之被　仰下郎加奉返却了食事後浴湯之事命非藏人沐浴畢私宅神事構之事申遣門張注連出札等申遣了
五日丙午晴寒風　陽明參上以諸大夫卜合之事言上歸路行向中御門齋留借用ノ事相賴了
六日丁未晴　今晩初雪降　積雪四五寸計　行向藤波借用物爲賴之
七日戊申晴　春日祭也上卿　新中納言宗弘　辨　豊房　社參鎭守神供等如例
八日己酉晴
九日庚戌降雨終日　陽明家豐明御習礼也午後參上申刻ニ始予辨代勤仕酉半刻事終歸宅

關東將軍　宣下ニ付武傳兩卿并准后使新侍從三位雅等出立也

十日辛亥晴　土御門高倉等今朝出立畢　參番

十一日壬子晴　辰半刻參　內新嘗內見也午刻過被始　先參仕之旨届子

奉行　內見終退出勝手ノ事自侍中衆有沙汰直ニ退出申刻持參物已下

ノ事少納言等ト前後申合畢

十二日癸丑晴　自今夜潔齋

十三日甲寅晴

十四日乙卯晴　新嘗祭也爲卜合之間申刻比著裝束尋常丸柄帶蒔繪劔アキ

、次第之事別ニ記畢丑半刻事遂退出今夜快晴月清光殊無風暖也

幸甚之參仕人々

權中納言　定持卿　參議　實德卿

少納言　宣諭朝臣　辨　經之

外記　職孚　史　定厚

侍従　予　内舎人　信董
監物　正恒　主鈴　貞矩
次將左中隆晃朝臣　少保美朝臣
右中公正朝臣　少隆韶朝臣
大舎人業壽非ヶ合
大齋公卿
源大納言建　四辻中納言臨期不參
十五日丙辰降雨　豊明節會　近衛大納言殿爲御出迎參上未半刻過先御
著陣自和德門爲入給　辨　胤保朝臣御代法畢自敷政門御退出内々方
江御參也　節會二献御早出也　出御公卿堂上入御
公卿　左府依東行無御点
臨不　一献國柄（栖カ）催早出　臨不
右大臣　内大臣　新大納言雅

一献後續內辨　　二献早出
德大寺大納言純　　近衞大納言忠
小忌一献早出　　大歌別代　　一献早出
野宮中納言定　　家君　　四辻中納言績
御酒宣命　　小忌三献早出
右衞門督愛　　右宰相中將德
雜事錄所　　二献早出
重胤朝臣　　大藏卿治　　勘ケ由長官暉
少納言　　辨
宣諭朝臣　　經之
次將
左　隆晃　定功　基安　保美　公量
右　公正　通富　隆韶　通善　定國
奉行　光愛朝臣

十六日丁巳晴　參番
十七日戊午晴　法中參　內殘摠詰如例
十八日己午曉降雨得晴　勢多會
十九日庚申晴　學習院會讀
左傳襄公二十五年悉了讀師善輔　讀上十八予在此內
二十日辛酉陰雨終日
廿一日壬戌晴　行向六條家籠中見舞也
廿二日癸亥晴　參番
廿三日甲子晴　勢多會
廿四日乙丑晴　日西稽古
廿五日丙寅晴夜半降雨　昨日　和宮御紐直ニ付參賀　禁中　和宮於禁中申上
等也陽明參上御月次詠草入御覽直ニ返　歸宅
廿六日丁卯陰雨　學院會讀

日本紀孝德紀悉了　讀上十人　讀師大判事
廿七日戊辰雨雪
廿八日己巳晴　於梨本亭噺子
廿九日庚午　學院講釋
易　讀師丁三　講師雅五郎

十二月
一日辛未晴　鎭守火燒祝儀如例
二日壬申晴　日西稽古
三日癸酉晴　勢多會　梅羽林亭祝儀行向
四日甲戌晴　陽明御鞠
五日乙亥晴　參番
六日丙子晴

七日丁丑晴　今日寒ノ入也入夜降雨午後過參　內屆于議奏兼日有召也自第一被申渡今日御用之儀有卦入ニ付御祝義賜之旨也無程於菊間賜之如例御礼一同々時申上議奏表使如例終テ退出勝手之旨被申渡卽刻退出

八日戊寅屬晴

九日己卯晴今夜御神樂也

十日庚辰晴陽明御鞠御滿會入夜

十一日辛巳晴　參番請取

今曉出火下立賣新町爲伺御機嫌參　內直ニ退出

御機嫌伺交名一帋今朝献上然處議奏衆三名有之及不審之處先例之旨非藏人返答雖然議卿者今曉以表使被申上畢云々仍及加務右大辨示談之處可除献上可然旨也仍非藏人書改及献上畢

十二日壬午快晴寒中見舞

十三日癸未降雨終日　勢多會

十四日甲申晴飛雪紛々

十五日乙酉晴陰不定飛雪寒中見舞

十六日丙戌晴　寒中見舞

十七日丁亥晴　參番卯半刻御學問所御取置也當番公卿一人殿上人各揃ノ上自第一被屆于議奏暫而取掛之事被申渡則鳥飼以下廻リノ事申渡了上段御掃除如例　申刻過御掃除終屆議卿点檢如例今日和御會御滿也酒肴等被出

紫鞠袴自両家免許（兼自家公被仰入今日以書狀被告）

十八日戊子晴　行向飛鳥井難波家等紫袴免許礼也（昨日當番之依今日行向）且爲挨拶肴一折ツ、賜之畢

十九日己丑快晴　寒中見舞

官位御沙汰也　嚴君議奏御促被　仰出一門親族風聽如例

二十日庚寅陰天夜降雨　六條亭行向
廿一日辛卯晴御煤拂寅刻參　內萬端無異亥刻前退出
廿二日壬辰晴寒嵐
廿三日癸巳晴　參番如例
廿四日甲午飛雪屬晴　關東使參　內殘揔詰難波家滿會出席　亭主盃申
受
廿五日乙未晴
廿六日丙申晴
廿七日丁酉陰雨　午半刻參　內御配白銀二枚拜領之
廿八日戊戌陰雨
廿九日己亥陰天屬晴　當番晝番代宿參仕
三十日庚子晴　歲末差袴

嘉永六年雑誌抜萃

目次

一女御ノ方准后　宣下ノ件

七日辛亥晴天

今日女御之方准后宣下也

家公御出門辰刻御衣冠御奴袴女御に御詰也予出門巳半刻衣冠奴袴

禁中御帳女御表使賀詞申九条家門流一同にて御祝酒計出吸物鯛　重肴二ツ赤飯等也九條家諸大夫殿下取次右等

に參賀午剋過歸宅畢

非常附御組合御献上

錫三連　一折

家公第一に　御催也右爲御返シ

鵤十六連　一折八人一人へ二連宛
且別段今日詰御苦勞ニ御思召候ニ付
生肴　一折　鯛　一尾　アジ　七疋　金子　三百疋
右御拜領也尤非常附一統ゟ如左給候由也
午半剋比賀茂邊ゟ魚釣ニ行向自其詣于野宮亭有蹴鞠來會之人々德大寺大納言大原三位中院中將東久世侍從万里小路拾遺岩倉大夫等也申半剋歸宅畢
家公御退出子剋也

萬里小路日記

十

正月

一日戊申陰雨　四海泰平萬福幸甚々々

子刻沐浴著束帯參朝四方拜早參也設　御座臨期無　出御直ニ退出巳半刻計

內侍所參詣了歸宅神拜家內祝儀如佳例

當番依歡樂遲參之事番頭江入魂申置了

未刻計更參朝闕腋半臂巡方魚袋如例

節會臨期無出　御酉斜早出了

公卿

左大臣	右大臣	內大臣
源大納言	三條大納言	正親町大納言
日野中納言	冷泉中納言	源中納言
右衛門督	左宰相中將	新右宰相中將

右兵衛督　大藏卿　右三位中將
少納言　辨
長說朝臣　經之朝臣
次將
左　隆晃朝臣　宗有〻〻　公香〻〻　公文〻〻　言繩〻〻
右　隆韶〻〻　通善　資訓王　基和〻〻　公賀〻〻
奉行　長順朝臣

二日己酉晴　辰斜參　朝束帶尋常
大床子　御膳　益供也
陪膳　豐房朝臣　益供　博房　藤原助胤
朝餉御膳　陪膳　資宗卿　手長　博房　益通　源常典　女房依無人
男方勤仕也　又常御殿　女房手長依無人予勤仕別記畢

土岐出羽守井松平肥前守會津之參內之

三日庚戌晴夕景急雨　白馬現任献上披露始日限才伺之　昨爲御德川之間今日伺之

親王花族大臣差　等御礼如例手長俊政

松平相模守　松平長門守　松平土佐守　伊達伊豫守　毛利淡路守

以上參內也　御裾

四日辛亥晴　參　朝巳刻　白馬現任献上

五日壬子雨霰夕晴　披露始　辰半斜參　朝萬端如例　秉燭事畢退出

六日癸丑晴午前參　朝申斜退出

七日甲寅晴　當番參仕宿依歡樂不參

白馬節會　出御如例粉熟了　入御　當年殊被急之間秉燭事了退出

公卿

左大臣　右大臣　內大臣

大炊御門大納言　左大將　坊城大納言
九條大納言　權中納言　飛鳥井中納言
德大寺中納言　宰相中將　右宰相中將
公誠朝臣　左衞門督　太宰大貳
治部卿
少納言　辨
修長朝臣　博房
次將
左　實在〻〻　定國〻〻　公益〻〻　輔季〻〻　通禧〻〻
右　基敬〻〻　公述〻〻　實紀〻〻　基祥〻〻　雅望〻〻
奉行　豐房朝臣
八日乙卯晴　年始廻礼
九日丙辰晴　踏歌現任献上日限伺之不參　朝

十日丁巳晴　諸礼如例無御對面　一橋黄門參内依之諸礼及遲刻戌刻退出

十一日戊午晴　踏歌申沙汰被　仰下申上刻退出　神宮祭事始御手本

十二日己未晴　賀茂奏事始　御手長參拜

十三日庚申晴　暫時參　朝

十四日辛酉晴　參　朝

十五日壬戌晴　參　朝御盃男方不召

十六日癸亥晴　踏歌申沙汰　臨期無出　御

公卿

臨期不參　左大臣　陣後早出　右大臣　臨不　内大臣

陣後早出　權大納言　陣後續内辨　大炊御門大納言　陣後早出　一條大納言

陣後早出　　陣後早出

菊亭中納言　冷泉中納言　中納言中將
御歸敕使宣命使 宰相中將　臨期不参 右衛門督　雜事 新右宰相中將
臨不 右兵衛督　一献早出 式部權大輔　刑部卿
少納言　辨
康賢朝臣　俊政
次將
左　隆晃朝臣　宗有〻〻　公香〻〻　公董〻〻　通禧〻〻
右　通善〻〻　基敬〻〻　基祥〻〻　雅望〻〻　公賀〻〻
奉行　博房

十七日甲子晴　參朝

十八日乙丑降雨　參朝

十九日丙寅属晴　參朝直衣舞御覽御省略三双六曲未半刻退出　當番

重朝番代

二月
十一日　降雨　賀茂下上社　行幸也公務多端不遑書記
十九日　神武帝山陵使參向日時定
上卿左大臣　參議右宰相中將　辨俊政奉行長順朝臣
廿二日晴　神武天皇山陵（諸山陵又同）御修補ニ付山陵使被立今日發遣長官德
大寺中納言次官博房
廿三日　於今井村宿
廿四日　當日也

四月小

一日丁丑

二日戊寅　參番　大樹參內有御酒宴

三日己卯晴　參　朝

四日庚辰晴　參　朝

五日

六日　降雨通房爲執奏御用丹州常照寺參向

此事兼日六日七日御暇願武傳江差出御聞濟之後御礼廻勤畢

七日　於常照寺有御法會子刻過歸宅終日降雨泥途難澀云々

十一日丁亥晴

八幡行幸也辰上刻自建禮門令　出御於稲荷於所御小休從是密々御車轅乘　御次於城南宮御休息有御膳上下調食又於　姫旅所御小休次八幡下院著　御于時戌下刻也亥刻過御登山有御奉幣之事於豐藏坊御休

息及天明
辰刻還　幸御列御道如初未斜還　御也
廿三日　敏宮　御所　御所々々參賀
五月
一日丙午陰雨　參　朝午後
二日丁未陰天屬晴　朝之間參　朝午後學習院詰
三日戊申晴　參番宿退出
四日己酉
五日庚戌　參賀如佳例
六日辛亥　學院參入
七日壬子　參　內

八日癸丑　參　內

九日甲寅降雨　參番

六月

十六日　陰晴不定微雷

通房御盃出座男方不召云々今夜月見也依御時節無來賓家內々祝如方

七月

一日乙巳晴參　朝巳斜

二日丙午白雨

北野妙藏院母堂阿兄予外舅之所勞不勝之旨告來依之國事御用掛山陵御用掛御斷之事坊城託且披露小折紙與奪了

辭賀茂下上社奉行之事社御（マヽ）正親町

辭氏院別當之事家司堤

各相濟之後

相侍中へ（マヽ）之事　相番來六日小番不參事

陽明家へ御届　近親一門少々以切帋聞了

十九日晴

自武傳有招於鷺間代両役列座以一帋被申渡

當春大樹上洛　御所邊御手薄之儀見聞深恐入以來乍聊十五萬俵上納之旨言上有之候就而ハ諸臣一同年々可頒賜旨被仰出候事

右一帋

一三百五十俵

藏米拜領之人々四百俵宛

但芝山家　三百五拾俵
一渡方之儀追而可申入事
一御礼
禁中　殿下　議奏計第一當役

廿四日
般舟院紫衣御推許之旨議奏加勢長順御傳宣畢
此事兼日殿下願置之處今日御推許悉委カ細託執奏留畢

廿七日
同上御禮參　內之事殿下內覽之上屬于議奏披露畢　書體有執奏留

三十日　降雨　當番參宿

馬揃會藩御覽之事
從四位下御推敍仰詞恐怖畏之至也
方今國務多端之間被採用度依有
思食被止侍中推敍從四位下之事
翌朝御禮廻勤如例　傳宣經﹅﹅朝臣看籠代百疋送之
請文　追執啓
從四位下　仰詞之旨
宣下之旨謹畏奉候也　畏奉也
恐惶謹言
博房
八月一日乙亥降雨
參政被　仰下謹御請且小番被免之旨加勢中院被申渡謹奉了

七日辛巳晴
紫組〔紐カ〕掛之事兼日兩家江頼置候之處、今日於　省中明日香井黄門面會掛
結一組被送自今免許之旨被示且一通自跡被送云々
又自難波以捻文免許之旨被示了
中御禮差貫著用議奏表使　殿下兩家等廻勤了
八日
飛鳥井家　美濃帋十帖　肴一折　難波肴一折　右昨日爲挨拶送之了
十八日
省中騷亂不暇書記
廿四日晴
池尻宮内卿爲　御使入來著衣冠面謁之處以一帋被申渡
春來毎度相迫言上之条々有之且

今度　行幸之儀遮而矯
叡旨候段如何ニ被　思食候依之差
扣被　仰出候事
右之通被仰下之旨傳宣謹御請申上
御請先文之通右謹御請申上候也
博房属于同卿
通房進退之事以葉室拾遺伺之處不及其儀出仕可然之旨也仍直宿仕了
有御礼云々

九月

一日乙巳晴

二日丙午晴

三日丁未陰天微雨

四日戊申快晴

五日己酉快晴

六日庚戌降雨

七日辛亥晴

八日壬子晴

九日癸丑晴通房參賀如例云々

十日甲寅晴

十一日乙卯晴　例幣如例云々

十二日丙辰晴

十三日丁巳曇天

十四日戊午晴

十五日己未晴

十六日庚申陰雨

十七日辛酉陰天晩晴

十八日壬戌晴　御靈祭今日被行去月混乱ニ付延引也

十九日癸亥晴

二十日甲子晴

廿一日乙丑降雨

廿二日丙寅晴

廿三日丁卯晴

廿四日戊辰降雨

廿五日己巳時雨嵐寒

廿六日庚午晴

廿七日辛未晴

廿八日壬申晴

廿九日癸酉晴

十月

一日甲戌時雨

二日乙亥晴　通房御玄猪中出如例

三日丙子晴

四日丁丑晴

五日戊寅晴夜風

通房依召參內前新朔平門院十七回御忌來十二三於般舟院御法會被
仰出旨之

六日己卯降雨

通房參番之序御法事附献上內覽如例

七日庚辰晴

八日辛巳晴

九日壬午晴
十日癸未晴
十一日甲申晴
十二日乙酉陰天徹雨
新朔平門院十七回御忌於般舟院御法會通房參向
著座公卿
按察前大納言　難波中納言　新宰相中將
散華殿上人
惟賢朝臣　實愛　藤原助胤
奉行　藏人少輔資生
於宮中今朝二ケ日被行懺法講云々
供行公卿
内大臣　權大納言　八條中納言

散華殿上人

傳奏奉行　勝長　源中納言

有御行道云々

十三日丙戌快晴

般舟院通房參向無異言上殿下右府公同言上

著座公卿

三條大納言　冷泉中納言　宰相中將實麗

散華殿上人

基佑〻〻　爲遂　大江俊堅

宮中御講無異云々

共行散華同昨日　但有佡倫其人々

十四日丁亥降雨　通房御玄猪申出如例

十五日戊子晴　夜降雨

十六日己丑時雨

十七日庚寅晴

十八日辛卯晴

十九日壬辰陰天

二十日癸巳陰天

廿一日甲午晴

廿二日乙未晴　先考御忌日不能墓參遺恨無限

通房依召參内來廿八日巳半刻般舟院舜空紫衣御礼參被　仰出之旨胤保卿傳　宣云々先達予披露置之處今日被　仰之

廿三日丙申晴

廿四日丁酉晴

廿五日戊戌晴

廿六日己亥晴　通房御玄猪申出如例

廿七日庚子晴

廿八日辛丑晴　般舟院御礼參內通房參朝專商量巨細記執奏留記畢

廿九日壬寅降雨終日

三十日癸卯晴

十一月

一日甲辰晴

二日乙巳晴

三日丙午晴夜寒風

四日丁未晴

五日戊申　春日祭次支干云々

六日己酉晴
七日庚戌雨雪
今夜春日社正遷宮云々南曹辨豐房朝臣參向
八日辛亥雨雪
九日壬子降雨晩來得晴
十日癸丑晴
十一日甲寅晴
十二日乙卯晴
十三日丙辰霙
十四日丁巳晴
十五日戊午晴
十六日己未晴寒嵐堅冰
十七日庚申晴　春日祭也傳聞上卿八條中納言辨勝長參向云々

十八日辛酉
十九日壬戌晴
二十日癸亥晴
廿一日甲子晴
廿二日乙丑晴
廿三日丙寅晴
廿四日丁卯晴風靜月清光
傳聞新嘗祭　出御如例宵曉神饌畢　入御丑斜解齋　出御畢未及天明
云々　上京諸大名拜見云々
廿五日戊辰晴

十二月

一日癸酉晴

二日甲戌晴
三日乙亥晴　鎭守火燒如佳例
四日丙子晴
五日丁丑快晴暖氣如小春
六日戊寅降雨
七日己卯晴飛雪紛々
八日庚辰晴雪落長松
九日辛巳晴
十日壬午晴
十一日癸未晴
十二日甲申晴陰不定　家內掃掃
十三日乙酉晴
十四日丙戌晴
十五日丁亥晴

十六日戊子晴
十七日己丑降雨
廿三日乙亥晴
傳聞齊敬公關白宣下并左大臣轉任公純公右大臣忠房卿內大臣等宣下令申慶賀給云々通房陽明家御出迎參上且爲恐悅両公へ太刀馬目錄進上了
廿四日丙子晴
廿五日丁丑晴
廿六日戊寅晴薄雪
廿七日己卯晴　官位御沙汰云々
廿八日庚辰晴
廿九日辛巳晴
三十日壬午徹雨

文久三年癸亥雜誌

近習

一　資宗卿爲理卿宣諭卿胤房卿經之朝臣
公述〻〻公知〻〻雅望〻〻勝長重朝

二　忠礼卿有容〻光愛〻雄光〻長順朝臣
基敬〻〻公董〻〻忠光〻〻資生

三　實德卿實麗〻信篤〻公望〻晴雄〻
通禧朝臣通治〻〻博房健資

四　忠順卿實則〻在光〻親賀〻隆韶朝臣
公愛〻〻公賀〻〻基正〻〻光德

五　季知卿通富〻胤保〻隨資〻豐房朝臣
言繩〻〻實梁〻〻隆諧〻〻長邦

六　實順卿重胤卿基安〻通善朝臣公允〻〻
康隆〻〻永佑〻〻俊政通旭

從文久三年正月一日結改

正月式近習揔詰

元日子刻四方拜

五日巳刻千秋万歳

十一日卯半刻神宮奉事始

十二日卯半刻賀茂奏事始
十五日酉刻御吉書三毬打
十七日巳刻三毬打
十九日辰刻舞御覽
右當番摠詰
元日申刻節會
四日辰半刻外樣公卿
七日辰刻白馬節會
九日午刻大乘院門跡一乘院門跡外樣入道
十日辰半刻諸礼非藏人脫カ
十四日辰半刻大元師帥カ法后七日阿闍梨
十六日申刻踏歌節會
廿日辰半刻法中御礼

廿一日辰半刻同

廿四日午半刻和歌御會始

右前番當番摠詰

御裾

四日　豊房朝臣

九日　勝長

十日　俊政

十一日　長順朝臣

十二日　長順朝臣

十四日　俊政

二十日　博房

廿一日　勝長

御手長

申次

三日　豊房朝臣

四日　俊政

九日　摠詰

十日　摠詰

十四日　俊政

二十日　摠詰

廿一日　摠詰

元日 俊政　三日 俊政
八日 勝長　九日 勝長
十一日 博房　十二日 博房
　御德日
主上 春秋三十三卯酉　親王 十二丑未
准后 三十一辰戌
桂宮 三十六丑未
大樹 十八 子午
和宮 十九 辰戌
長者 五十六寅申

正月小

元日戊申曇天時々細雨四海泰平庶類蕃昌春也幸々々

天皇四方拜御座設臨期無出御奉行藏人頭長順朝臣御服奉仕八條前宰相言繩朝臣御劍基敬朝臣御裾長順朝臣御草鞋藏人頭豐房朝臣式筥藏人權右中辨博房御笏藏人右少辨俊政御手水御陪膳豐房朝臣益供博房役送

從舊年少々御風氣由御沐浴難被遊仍無　出御云々

今日予依重服中不出仕也且家內祝著如例但依重服中注連餝不懸之且實來不設之硯蓋ニノシ昆布計設置云々

一 攝家中御礼ニ付門流自九條家予義長出迎之事有沙汰然而両人共弥歡樂不出仕之旨以使申入了

一 攝家中賜天盃御陪膳大炊御門大納言手長俊政役送大江俊堅

一 今日朝餉御齒固御膳以下男方云々御陪膳德大寺中納言手長俊政役送大江俊昌且入夜こ己・（供脱カ）御々膳內侍差支ニ付手長俊政被勤仕御陪膳役送等女房云々

一 午刻計自禁中鳥飼觸如左

追而御陪膳御手長御用候也
御用之儀候間明二日巳半刻
御參可被成候也
加承返却了正親町大納言予等也

一今年限諸公事參勤幷進退無遲々樣被　仰出也
自出納使今日節會闈〔闌カ〕司出仕參遲參樣申來承知云々

一節會御點如左
公卿
左大臣（陣後早出）　右大臣（臨期不參）　內大臣（同上）
源大納言（陣後早出）　三條大納言（陣后早出）
正親町大納言（陣后續內辨）　日野中納言
冷泉中納言　源中納言　右衛門督

左宰相中將　新右宰相中將　右兵衞督
大藏卿　右三位中將
少納言　辨
長説朝臣　經之朝臣
次將左
隆晃朝臣　宗有朝臣　公香朝臣
公允朝臣　言縄朝臣
右
隆韶朝臣　通善朝臣　資訓王
基和朝臣　公賀朝臣
今夜節會無出御圍(闈カ)司申刻計出仕公卿堂昇畢而退出于時戌刻云云
一今日外任奏々聞由計之旨被　仰出云々

二日己酉天晴
大床子御膳奉行豊房朝臣御陪膳同朝臣役供基祥朝臣博房兼日早參之事
從奉行以廻狀被觸仍參　朝巳刻過尋常束帶（有下具　重單大口）先是頭辨以下被參仕
予頗遲參云々
一今日朝餉　出御御膳男方御陪膳日野中納言役供博房役送源常典云々今
夜こ包・御（供脱カ）々手長博房被勤仕云々
一今日御補略獻上云々然而予執筆之分書損有之ニ付其由自両頭被言上先
弥號訓附之分計被獻上右之分俊政執筆也
一今日諸司代槇（マヽ）野備前守高家土岐出羽守等參內御對面且高家計賜　天盃
云々御裾長順朝臣申次豊房朝臣御陪膳實美卿御手長博房右畢而尅限違
更松平肥後守參　內御對面并賜天盃御裾豊房朝臣申次長順朝臣御陪膳
實德卿御手長予役送大江俊堅御用了頭辨同伴退出戌刻云々今日松平肥
後守ニ御衣打袙賜云々六位授之由之

三日庚戌天晴長閑也
一今日白馬節會現任獻上日限被伺両頭之事也予無御用御補略之事ニて參內巳半刻尋常束帶書損書改出來ニ付両頭ゟ属了小時獻上相濟ト云々
一今日松平相模守同長門守同土佐守伊達伊豫守毛利淡路守等參內也申次両頭御裾博房御手長俊政云々
申刻退朝了今日右衞佐為年賀被來由也
一松平相模守同長門守同土佐守等ゟ御衣打袙賜之云々六位授之

四日辛亥晴天今日現任獻上云々一同參朝巳半刻過尋常束帶小時白馬節御点被出申沙汰豐房朝臣被奉云々
外樣公卿殿上人御礼　出御々裾豐房朝臣申次俊政八景間御手長俊政云々
一明日披露始ニ付到來申文取調添寫第一頭ニ属了申刻許頭辨藏人辨同伴

退出掛參于殿下以諸大夫申文內々覽ニ各明日可披露哉自第一被伺小時無思召之旨申文返給次更右申文各以紙捻結之一結也添寄書（中奉書四折〻第一執筆幷僞職事付）云々更入御內覽小時無御思召之旨也右申文今日博房被持歸也明朝持參云々今日職事一同參上之處豐房朝臣御用俊政當番仍三人參上了申刻過同伴歸宅了

一現任三節共予重服中仍不執筆云々

一敏宮桂家御相續御廣メ來十四日之旨自藤崎申越云々

五日壬子天晴

一今日披露始云々予當番也（初番云々）巳半刻計參　內著々到如例初番之御礼相番一同申上議卿表使如例年今日千秋万歲云々予重服中之間不候于詰今日供歸リ晝食事後迎云々相職一同參集揃之上申文取調一結（カタカギ）自両頭附議奏內々被伺　叡慮小時無思召旨被返下（右申文覽筥蓋流例）此後申文入覽筥一統

同伴參入長橋先是以表使長橋江只今參入之旨申入

二月大

一日丁丑天晴未半刻許詣堤亭明日孫元服也大夫同行向了來會人々坊城大納言頭辨穗波左京大夫岩治部大輔等也夕景祝酒之後習礼無異ニ相濟戌刻計歸宅了

二日戊寅晴時々風細雨夕景天晴云々今日堤孫元服也仍辰刻許參　朝參仕居之旨届議卿加勢日野中納言承知直被招之間役所ニ行向之處堤孫元服勘解由次官從五位上昇殿等之事敕許之旨傳　宣且小折紙被出謹奉直以消息告示了如左

勘解由次官從五位上

昇殿等之事

敕許候珍重存候仍早々

申入候也恐々謹言

二月二日　勝長

新勘解由次官殿

右以使送之落手之由請文追之旨也

切帋分配如左

文久三年二月二日　宣

功長男

位顯允安
功長男

雅長今日元服

雅長今日元服

任叙勘解由次官

從五位上

武傳切紙如此位次付有之云々
當時文箱仕丁使ニて遣之也

聽昇殿

職事勝長

右殿下廻覽第一亭御會奉行等ヘ送之各文箱仕丁使ト云々然而御會奉行

第一日野中納言參朝之間直ニ送之且御會奉行ニ限職事付無之云々小時退出巳刻許也大夫巳半刻堤家行向衣冠奴袴西院內匠爲取持堤ゟ行向兼日依無賴也此使鯉二尾生魚也送之了
自堤披露爲挨拶肴料金百疋酒二斤被送之也午刻過堤家ゟ行向尋常束帶予雖重服中別段被招仍行向今朝冠儀無異相濟由也
加冠　坊城大納言　參會　亭主三位　清閑寺頭右中辨
理髮　左京大夫
次第ニ奧端著座云々
一族親族來會發聲雜談及數刻戌半刻許歸宅了
自源藏人過日賴置雲井出來爲持被越云々
三日己卯天晴自武傳野宮使ニて武家下知之事被示口宣位記宣旨等明四日巳刻迄ニ可下知之旨也落手了直ニ下知如左

宿紙八折
文久二年十二月十六日　宣旨
源頼策
宣敍從五位下
奉
藏人左少辨兼左衞門權佐藤勝長
右一紙添書中入文凾附封送之下知了尤書中位記明日巳刻迄ニ野宮亭ゟ
可差出可被下知申遣了
文久二――――宣旨
從五位下源頼策
宣任雅樂頭
藏人――――奉
右一紙坊城大納言ゟ同上ニて下知了宣旨之事同樣申入候也

小時両方共落手之由也
自藏人辨書中ニて明四日敕問之旨心得ニ被示承知了
四日庚辰晴天今日敕問也予披露物無之且自昨夕風邪頭痛膽咳ニて困居ニ
付今日不出仕仍頭辨之許ゟ以書中不參之事申入承知云々野宮ハ昨日之
口宣案爲持遣之處落手云々
一自藏人右少辨春日祭參向ニ付七日未明發足九日歸京之旨以廻狀被示加
承返却了
一自禁中議卿觸左如
追而御陪膳御手長
御用候也
御用之儀候間來九日辰半刻御參
可被成候也

二月四日

日野中納言殿

各――――――承候

加承返却了

中御門大夫從五位下　宣下云々

五日辛巳快晴無事予風邪ニて平臥也

六日壬午曇天今日當番也然而依所勞不參切紙差出如左

口述

今日小番晝依所勞

令不參候宿依　御神事

令不參候宜預御沙汰候也

二月六日　　勝長

近習
請取御方
右葉室拾遺落手旨也自今晩　春日祭ニ付御神事云々
七日癸未曇天母公大夫吉田ヘ御行向也申刻過御歸館云々
從敏宮塩鶴一羽自殿下御到來之由ニて惠賜御礼申上了
八日甲申終風雨右兵衞佐被來小時被歸云々
九日乙酉曇天今日依御手長御用參　朝巳刻前尋常束帶申次両頭御裾藏人
辨武家參内也
尾張大納言　細川少將
右參内也申刻計　出御御對面賜　天盃御陪膳日野中納言御手長予云々
了一同々伴退去申刻過

一從細川少將使今日御手長ヘ萬事宜賴也且送物白銀三枚云々
十日丙戌晴自尾張大納言昨日御手長爲挨拶白銀五枚到來武傳自坊城使ニて被傳云々
十一日丁亥天晴今日無事
自　禁中使番來杉原四折
追御陪膳御手長
御用候也
御用之儀候間來十六日
辰半刻御參可被成候也
二月十一日
各――
承候
返却了

四月小

一日丁丑今日賀茂祭使已下伺傳奉被參　朝仍相侍中各參集流云々爲差御用無之云々然而予依重服中不參仕

一右大辨宰相被拜賀云々予依重服昨日行向祝詞申置了參桂宮明日御參內御祝申入小時歸宅了

一自藏人辨廻狀明二日御手長御用ニ付五位侍中各可參集刻限午半刻之旨也加承返却了

二日戊寅雨夕景屬晴今日大樹參內云々申刻許於小御所有御對面賜劍金作馬鞍置等云々畢而於御學問所所有御酒宴殿下中川宮大樹等中段東方西面列座賜酒肴兩役如例於鵬間拜受也博房予俊政依御手長御用參仕酉刻過宴終入御々膳御殘拜領之後同伴退出戌刻云々今日一橋中納言同參內於御拜道酒肴拜領之由也

三日己卯天晴午刻過參桂宮昨日御退出後御機嫌相伺直退出掛參　朝相職

各被參　朝右大來十一日
八幡行幸被仰出傳奏正親町大納言奉行豐房朝臣云々元來も來四日御治
定之處御延引更來十一日ニ限被仰出也仍傳奏之去月比奉居云々爲差御
用も無之間予早出直ニ退出了阿吉丸八千瀬下邊行向
四日庚辰晴自伏原使ニて三位明五日除服仕ニ付披露被賴度由差支無之哉
被尋越尤差支無之旨返答了
巳半刻參　朝之使暇服帳取寄伏原除服出仕日數吟味候處今朝被示候ト
ハ大相違昨日中ニて今日出仕之筈ニ相成候ニ付以家僕早々及尋問之處
全不取調間違之由ニて理猶早清メ之上折紙被差出之由也小時自伏原使
除服出仕折紙被差出落手之旨返答了直ニ予四折ニ書改如左

新清三位

除服出仕之事

右一通以一封參上之振合內覽ニ入ラレ候樣諸大夫中ゟ申遣小時無御思

召可披露旨也直議卿加勢六條に属披露了小時　宣下直ニ以捻文告示了
切紙分配如例扨々不都合如何之所存も不得其意云々未刻過退出了

十一日天晴
今日八幡有行幸辰刻　出御云々堂上武家數人供奉予依重服不出仕云々

十二日天晴
今日申刻過　還幸云々

五月大

一日丙午雨當番云々然而依所勞不參切紙差出之處河鰭少將落手云々自両
頭諸家傳献上相濟之旨被示加承返却了
自　禁中木札附文箱到來如左
御用之儀候間只今

御參可被成候也

五月一日

各 ―――― 承候所勞令不參候
宜預御沙汰候也

右依所勞令不參了小時大夫同文箱到來如左

追而御所勞候ハヽ

御名代御參可被成候也

御用之儀候間只今

御參可被成候也

五月一日

各 ―――― 承候

右到來之處同所勞氣ニ付名代堤右兵衞佐被參　朝呉候樣申遣候處承知
直ニ衣冠ニて被來予申而云今日両人御用召之處両人共所勞氣不參候仍
名代參　朝被呉候樣申入御用ハ定而妙心寺謚號　敕書降下存候間左被

承知居候樣申入直ニ被參　内小時退出則　敕書降下也議卿當番加勢右
大辨宰相於八景間被相渡之旨也段々御苦勞謝了
自禁中鳥飼ニて被觸如左
追御陪膳御手長
御用候也
御用之儀候間來七日
辰半刻御參可被成候
也
五月一日
醍醐中納言殿
各――――　承候
加承返却了小倉義丸初節句ニ付粽五把被送之相當返當了
妙心寺　敕書頂戴三日巳刻之旨自家僕申達了

自梅溪　母公過日來承候御不例ニ付爲見舞使來云々
右兵衞佐戌刻許被歸了
二日丁未曇天巳刻許屬晴
自冷泉黄門書中ニて來七日請取順番之旨被示落手之旨返答了巳半刻許
參內午刻過退出了梅溪侍從ニ文通來七日受取予代參勤之樣賴遣之處小
時返書領掌云々

七月大

一日乙巳快晴今日雖上日依所勞不參切紙差出之處愛宕侍從落手云々冷泉
ニ詠草申出了丹州篠村隅田左京ヨリ予過日權右中辨轉任爲悅寶金百疋
到來落手了
二日丙午曇天午後雨未刻許參　朝掛殿下ニ參上申文內覽奏聞了退出未半

刻云々
從藏人辨回文如左
自今月來十一日中依子細所勞
引籠候仍申入候也
七月二日　博房
頭左中辨
藏人辨
藏人左少辨
追テ清閑寺殿に申入候頭辨殿に
御通達之儀宜希入候也
三日丁未
加承返却了自飛鳥井切紙にて被示如左

當七夕蹴鞠會方今時節被致延引

規　宣下也其余地下申文各　勅許予披露縫殿寮史生申從六位下　宣下

之事召大外記於里亭自家僕傳宣了口宣案明日中勝手ニ可申出申入了

五日己酉降雨終日也

冶泉中納言許ニ七夕御會和歌詠進懐紙体如左

秋日同詠七夕絲

和歌

藏人權中辨藤勝長

織女をまつるはさ

いとの伊と那あく

むすふ契りや玉の緒

尓努祥

右明日可詠進之處予依正忌今日詠進仍初紙添如左

口述

七夕御會和歌明日依正忌

今日令詠進候宜預御沙

汰度此段申入候以上

七月三日

家僕西尾內匠過日ヨリ所勞ニ付八千瀨爲見舞差遣金百疋銀一枚送之了

自南都自法運院過日轉任爲悅水谷川一樽被送之

從　禁中文箱到來如左

追而敕問

御用候也

御用之儀候間明四日辰半刻

御參可被成候也

七月三日

中――

各―― 承候

局會所に香衣綸旨一通調法了

四日戊申雨今日　敕問一同參集辰半刻今日回勤頭左中辨也當上官侍從一

闕今日中院息通汰候也

七月五日　勝長

冷泉中納言殿

各落手云々七夕御會雖重服中詠進不苦之旨也

萬里小路日記

十一、十二

正月

一日癸卯晴四海泰平萬福幸甚

二日甲辰晴

三日乙巳晴飛雪

四日丙午晴

五日丁未晴

六日戊申晴春寒更嚴

七日己酉微雨　白馬節通房脂燭參仕

八日庚戌晴

九日辛亥雨雪

十日壬子降雨　諸礼執奏寺院各宗參

十一日癸丑

十二日甲寅晴

十三日乙卯晴
十四日丙辰曇天
十五日丁巳晴
十六日戊午晴
十七日己未飛雪紛々通房三毬打献上如例
十八日庚申晴
十九日辛酉快晴
二十日壬戌曇天
廿一日癸亥降雨
廿二日甲子降雨
廿三日乙丑晴春寒更嚴時々飛雪
廿四日丙寅晴
廿五日丁卯晴

廿六日戊辰晴　仁孝天皇御法事附献上
廿七日己巳晴
元勸修寺宮濟範年來隱退今度　敕免伏見宮復系號山科宮今日親王
宣下云々依之自通房以使太刀馬代金二百疋進入尤一族一同軒別云々
廿八日庚午晴
山科宮今日元服參　内通房御出迎參上
廿九日辛未晴

二月

一日壬申晴　春日祭也上卿
拜〔辨カ〕經理參向云々
二日癸酉晴
三日甲戌晴寒風飛雪
四日乙亥晴

五日丙子晴　般舟院御法會通房參向乘馬
六日丁丑降雨　般舟院御法會當日通房參向乘輿如例
御經供養導師
勝安養院僧正　題名僧三口如例
著座公卿
右大將　橋本中納言　右宰相中將公
布施取殿上人
基正朝臣　安仲　大江カ口俊昌
奉行　勝長　以前經之朝臣因法理也
七日戊寅降雨
八日己卯晴
九日庚辰晴
十日辛巳快晴頗有春色

十一日壬午晴
十二日癸未晴
十三日甲申陰天微雨夜風
十四日乙酉降雨
十五日丙戌晴陰不定
十六日丁亥晴陰不定
十七日戊子晴
十八日己丑晴
十九日庚寅晴
二十日辛卯快
傳聞今日革令改元定云云改文久四年爲
元治元年依文化佳蹤無異致遂行歟不能見聞遺恨無限
公卿
元治功疑周易曰乾元用九天下治也乾臥

右大臣純　右大將家　三國志曰天地以四時成功元首以輔弼興治魏志高柔爲榮　新大納言俊
九條大納言　八條中納言　冷泉中納言
源中納言通　新宰相中將通　山科宰相
左大辨宰相長　辨勝長
傳奏　奉行豐房朝臣

廿一日壬辰晴

廿二日癸巳快晴和暖

廿三日甲午晴午後微雨

廿四日乙未晴

廿五日丙申晴

廿六日丁酉降雨

廿七日戊戌晴

廿八日己亥降雨

森伊豆守入來今度爲　朝覲上京今日參　内被　仰出自當家參　朝衣冠淺黄差貫

廿九日庚子晴

三月

一日辛丑晴

二日壬寅晴

三日癸卯晴不及闘鷄献上但十番有之云云

四日甲辰降雨終日

五日乙巳陰天

六日丙午晴

七日丁未快晴花漸盛

八日戊申陰天微雨
九日己酉快晴　大樹參　內舞樂拜見云云南階櫻花滿開風色無極云云
十日庚戌快晴
十一日辛亥快晴
十二日壬子快晴
十三日癸丑快晴
十四日甲寅陰天夜降雨
十五日乙卯陰天屬晴
傳聞今夜　別雷社正遷宮　上卿正親町大納言次官光昭辨勝長等參向
又於東庭有
御拜云云
十六日丙辰晴
十七日丁巳降雨

十八日戊午降雨
十九日己未降雨
二十日庚申降雨
廿一日辛酉陰天　森伊豆守出府爲暇乞入來
廿二日壬戌晴
廿三日癸亥陰天
廿四日甲子降雨
廿五日乙丑陰天夕霽
廿六日丙寅晴
廿七日丁卯陰天曉雷鳴急雨
廿八日戊辰晴曉午後暫時降雨　天授院使長門介
廿九日己巳晴
卅日庚午快晴

四月

一日辛未晴
二日壬申晴
三日癸酉晴
四日甲戌晴
五日乙亥降雨
六日丙子晴天
七日丁丑降雨
八日戊寅晴
九日己卯晴
十日庚辰快晴
十一日辛巳晴
十二日壬午晴

十三日癸未晴
十四日甲申晴
十五日乙酉晴　賀茂祭如例
近衞使
公述朝臣右近府去月轉中將風流傘櫻橘傳奏正親町大納言　奉行　勝長朝臣
十六日丙戌晴
十七日丁亥晴
十八日戊子降雨終日
十九日己丑晴
二十日庚寅晴
廿一日辛卯晴
廿二日壬辰晴
廿三日癸巳晴

廿四日甲午陰天微雨或晴亦曇夜甚雨
七社奉幣發遣云云於神祇官代有事上卿
内大臣忠　辨
神宮使　三姓祭主二位　石清水
賀茂
廿五日乙未晴
廿六日丙申降雨
廿七日丁酉降雨
廿八日戊戌降雨
廿九日己亥陰天微雨
五月
一日庚子降雨午後漸晴
二日辛丑降雨

三日壬寅晴　入梅
四日癸卯晴
五日甲辰晴
六日乙巳天陰風
七日丙午降雨
八日丁未晴　畝火山々陵使定功卿發遣云云
九日戊申晴
十日己酉降雨
十一日庚戌降雨
十二日辛亥降雨
十三日壬子降雨　夜半出火二條角倉內云々
十四日癸丑快晴
十五日甲寅降雨

十六日乙卯降雨
十七日丙辰晴
十八日丁巳晴
十九日戊午晴
二十日己未陰天夜風雨
二十一日庚申降雨
宇佐香椎奉幣使發遣使通善朝臣
廿二日辛酉晴
廿三日壬戌降雨
廿四日癸亥降雨
廿五日甲子降雨
廿六日乙丑晴
廿七日丙寅降雨

廿八日丁卯降雨

廿九日戊辰降雨　川々出水賀茂川大橋々外各落云々

三十日己巳降雨

六月

一日庚午陰天欲晴

二日辛未陰天夜甚雨

三日壬申降雨

四日癸酉陰天漸欲晴夜亦曇微雷

五日甲戌晴

六日乙亥

七日丙子曇天属晴芳顔院十七回忌於松林院供養法事料百五十疋遣之

八日丁丑晴

九日戊寅晴

十日己卯晴
十一日庚辰晴
十二日辛巳晴
十三日壬午終朝降雨後快晴夜月清光如秋
十四日癸未晴
十五日甲申晴
十六日乙酉晴晩曇濛々月不明
十七日丙戌晴清月冷風
十八日丁亥晴涼風
十九日戊子晴
二十日己丑晴
廿一日庚寅晴
廿二日辛卯晴

廿三日壬辰晴

去十五日宇佐昨廿二日香椎宮等奉幣ノ無異參賀献納有之云々

廿四日癸巳晴

廿五日甲午晴

廿六日乙未晴

廿七日丙申晴　過日來　長州家老具千余騎著伏水洛中騷然

廿八日丁酉晴　酷暑

廿九日戊戌晴　水無月拂芳輪如佳例

七月

一日己亥晴　遠雷

二日庚子晴午後雷鳴急雨去月無雨炎暑漸酷今日雨可謂甘露

三日辛丑晴

四日壬寅晴　廟參　母君御參詣

五日癸卯晴
六日甲辰晴、鎮守神饌通房供之
七日乙巳晴
八日丙午晴
九日丁未晴
十日戊申晴
十一日己酉晴
十二日庚戌晴今年御燈籠献上無之
十三日辛亥晴
十四日壬子晴　双親番如例云云
十五日癸丑晴
十六日甲寅晴　東山擧火鮮明月亦清光
十七日乙卯晴　過日來時々微雨

十八日丙辰晴
今度毛利家臣有歎願ノ筋數百人所々屯集山崎天王山嵯峨天龍寺粟生光明寺邊騷然
十九日丁巳晴　通房自昨夜參　内自可及珍事難計可用意申越到今朝次第騷々敷堅固武士東西奔走炮聲所々聞既乱妨人打破堺中立賣等御門乱入互ニ炮發鷹司殿炎上次第及大火東南猛烟覆天大炮聲乱發人々東西南北馳走又醍醐家炎上火勢益盛雖然　禁中無御動座予避兵火在一寺村圓光寺及日暮炮聲止漸靜謐幸而家內免兵火可謂幸甚今日珍事前代未聞之事也
二十日戊午晴　今曉歸宅主従賀無事母公始婦女輩猶圓光寺
南方炎上猶不威〔威カ〕火勢益盛避火ノ人充滿賀茂川原
廿一日己未晴　至今夕漸鎮火今度燒込鷹司家醍醐家已下堂上數軒其外神社佛閣官武屋敷町家數万家東ハ賀茂川西堀川至南九條村未曾有大

火

廿二日庚申晴　餘盡猶殘今夕漸以消滅了

廿三日辛酉晴

廿四日壬戌微雨

廿五日癸亥終朝降雨亦晴

廿六日甲子晴

廿七日乙丑晴

廿八日丙寅晴

廿九日丁卯晴

卅日戊辰晴

八月

一日己巳晴　被止參賀太刀献上ノ事無之過日來混雜未靜之故也

母公御始各歸家先以賀無事畢

二日庚午晴
三日辛未雷鳴急雨去月無甘雨可謂甘露
四日壬申微雨晩來快晴漸涼氣生
五日癸酉晴
六日甲戌晴陰不定
七日乙亥微雨
八日丙子降雨
九日丁丑陰天風屬晴
十日戊寅快晴
十一日己卯快晴
十二日庚辰快晴月清光
十三日辛巳晴
十四日壬午降雨

十五日癸未陰天微雨夜月不見
　放生會御延引世上未穩之故也
十六日甲申降雨
十七日乙酉陰雨
十八日丙戌陰天微雨
十九日丁亥陰天微雨
　於學院中丁祭祀云々但聽衆不參入云々
二十日戊子晴
廿一日己丑晴　禁中御栖掃云々去月十九日依穢汚之事有之也通房卯刻
　參仕
廿二日庚寅時々曇
廿三日辛卯曇天
廿四日壬辰晴

廿五日癸巳降雨
廿六日甲午陰天
廿七日乙未晴
廿八日丙申降雨
廿九日丁酉終日降雨
三十日戊戌晴

九月

一日己亥天晴催秋冷
二日庚子晴
三日辛丑晴
四日壬寅曇天雷鳴両三聲屬晴
今日御靈會　内祝遣一献了
五日癸卯晴

六日甲辰晴
七日己巳降雨
八日丙午陰天夜雷鳴
自今夜　内侍所臨時三ヶ夜御神樂被行云々
九日丁未晴
十日戊申晴入夜徽雨雷鳴
十一日己酉晴　例幣發遣如例但來十七日三社奉幣有之ニ付上卿右大臣
云云
十二日庚戌晴
十三日辛亥晴月清光
十四日壬子晴晚來急雨雷鳴
十五日癸丑晴今日　石淸水放生會被行去月延行〔引カ〕也上卿　辨俊政
十六日甲寅快晴

十七日乙卯快晴
被行　三社奉幣於　神宮者去十一日發遣祭主二品例幣使兼勤
石清水使　坊城大納言　賀茂使　六條中納言云云
十八日丙辰晴入夜急雨雷鳴
十九日丁巳快晴
二十日戊午快晴
廿一日己未快晴　通房參番ノ使般舟院注進披露來
來十一月十九日
光格天皇　尊儀
二十五回聖忌
右言上仕候以上
子九月　般舟院
万里小路殿

御雜掌中

來月十三日　朔平門院御正忌御法會被仰出之旨通房示聞及入夜之間明朝可申達者

廿二日庚申快晴

通房依召參　內來十一月　光格天皇廿五回聖忌御正當之處御引上來月十八九日被仰出之旨也寺門申達如例

廿三日辛酉降雨終日

廿四日壬戌晴

廿五日癸亥晴

廿六日甲子晴　子祭如例

廿七日乙丑雨

通房參番之便御法事附二通光格天皇御年忌朔平門院御正忌內覽献上了

廿八日丙寅晴

廿九日丁卯快晴

三十日戊辰快晴

十月

一日己巳晴

二日庚午晴

三日辛未快晴山靄如春

四日壬申降雨終日

五日癸酉陰天濛然

六日甲戌晴陰不定

七日乙亥晴御玄猪通房申出如例

八日丙子晴

九日丁丑快晴

十日戊寅晴

十一日己卯晴
十二日庚辰快晴山靄如春
十三日辛巳晴
新朔平門院御正忌御法會通房參向如例云々
著座公卿
按察前大納言　八條前中納言　山科宰相
撤華殿上人
基祐朝臣　光尙　藤原助胤
奉行　勝長朝臣
十四日壬午曇天
十五日癸未降雨
十六日甲申晴夜微雨
十七日乙酉晴

十八日丙戌快晴
光格天皇廿五回聖忌來月御正當之處御引上今日御逮夜之通房參向如
例
著座公卿
按察前大納言　裏松前中納言　左大辨宰相
散華
博通朝臣臨期不參云々　爲遂　藤原助胤
十九日丁亥晴
御法會御當日通房參向無異言上等如例
著座公卿
右大臣公　帥大納言　冷泉中納言
撒華殿上人　諦康朝臣　功長　大江俊昌　奉行　勝長朝臣
二十日戊子晴夜降雨　昨日御玄猪今日可申出被觸乃申書

二十一日己丑陰天　先考內實　忌日母公御墓參
二十二日庚寅陰天雷鳴烈風須臾属晴
廿三日辛卯晴
廿四日壬辰晴
廿五日癸巳晴　繁霜漸寒
廿六日甲午晴時々曇
廿七日乙未或晴或曇
廿八日丙申晴
廿九日丁酉晴

十一月
一日戊戌晴
二日己亥晴
三日庚子晴

四日辛丑晴

五日壬寅晴

六日癸卯晴

七日甲辰晴

八日乙巳晴

九日丙午晴

十日丁未晴入夜時雨

十一日戊申晴晩來降雨

春日祭也上卿　　辨俊政參向云々

鎭守神饌通房供之

十二日己酉晴

十三日庚戌晴

十四日辛亥晴　北野臨時祭御再興云々

十五日壬子晴
十六日癸丑晴
十七日甲寅晴
十八日乙卯晴夜少雨風吹
新嘗祭如例云々
十九日丙辰降雨時々微雷　豐明如例云々
二十日丁巳晴
廿一日戊午晴陰不定
廿二日己未陰天
廿三日庚申飛雪初積
廿四日辛酉晴
廿五日壬戌晴
廿六日癸亥降雨

廿七日甲子晴　鎮守火燈如例

廿八日乙丑晴

廿九日丙寅晴　賀茂臨時祭也式日御延引女房無人云々今日被行還立等

如例云々

三十日丁卯晴入夜降雨

十二月

一日戊辰暖雨

二日己巳晴陰不定

三日庚午晴

四日辛未晴

五日壬申風吹徹雨

六日癸酉陰天

七日甲戌陰天夜降雨

八日乙亥陰天寒嵐池水始氷
九日丙子晴
十日丁丑晴
十一日戊寅曇天
十二日己卯晴
十三日庚辰晴
十四日辛巳晴
十五日壬午晴　掃除　自今夜三ヶ夜臨時御神樂ニ候
十六日癸未積雪尺余終日紛々
十七日甲申晴
十八日乙酉晴雪消入夜降雨
十九日丙戌晴
通房自明春拭眉之事過日頭辨江賴置之處聞食之旨以捻文被告如例即

刻御礼廻勤

禁中親王　准后　殿下　陽明家

清閑寺披露　久世當番議奏

請文以使送之便爲挨拶肴一折方金百疋追今一門親王如例風聽了

二十日丁亥晴

廿一日戊子晴

廿二日己丑晴

今度吉田社殿舍御再興有之依之藤氏之輩寄附可有之長者殿被命予籠居中ニ付自通房方金五百疋寄附了目錄臺下札如例屬于吉田家了自南曹辨以廻文申來今度寄附凡百石高ニ金百疋可寄進云々

廿三日庚寅晴

廿四日辛卯晴

廿五日壬辰晴

廿六日癸巳晴
廿七日丙午晴
廿八日乙未晴
廿九日丙申晴

正月
十六日壬子陰天　踏歌節如例云云
十九日乙卯晴　舞御覧如例云々
三十日丙寅晴通房自番頭延文去年七月御混雑之砌精勤ニ付自關東進献
品分賄之旨被示
金三拾両番頭（マヽ）　江可申出旨了即刻以使申出了御礼自番頭中被申上云
々
二月小
五日辛未晴午後曇天微雨
仁孝天皇御正忌御通夜通房般舟院參向如例
六日壬申晴午後降雨
御當日通房參向如昨日

著座公卿

日野大納言　中院中納言　清水谷宰相中將

布施取扱殿上人

靜康朝臣　功長　小槻明麗

御導師

若王寺僧正　題名僧三口

十七日癸未晴

自今年　春日祭近衞使御再興今早朝自　禁中進發内藏使神寶御奉納入來唐櫃神馬四匹馬寮使等參向其余諸司揔如舊儀御再興之　上卿辨外記史引續進發　辨已下候上卿先駈各騎馬舞人陪從如賀茂祭裝束美麗也

使

公賀朝臣

上卿　　　辨　　　　　　傳奏　　　奉行
內大臣　　俊政　　　　　廣橋中納言　　勝長朝臣

三月

廿三日戊午快晴

石淸水臨時祭也使園少將基祥朝臣

四月

七日辛未晴

改元定也去年七月依有兵革之事云々

廿一日乙酉陰天時々降雨濛々然

賀茂祭近衞使保美朝臣風流傘雪　　紅梅

廿四日戊子晴

吉田祭御再興云々自昨年殿舍造營今日始被行祭祀歟

上卿　　　辨

三

後五月

廿三日丙戌降雨　大樹公上京卽日參　內云云

六月

九日壬寅陰雨　內侍所假殿復　御云々

廿二日乙卯甚雨滂沱雷鳴兩三度

祇園臨時祭御再興　使言縄朝臣

八月

五日丁酉陰天時々降雨欲晴亦降
北野臨時祭　使長邦侍従左衛門佐検非違使

九月
十一日癸酉陰雨
例幣發遣如例　神嘗祭御再興之事有之云云且被奉神馬両宮一疋ツヽ
云々
上卿　　辨
奉行
十六日戊寅晴　將軍上洛云々
二十一日癸未雨　大樹參　內云々

十月

六日丁酉晴

傳聞去月下旬ヨリ外國船兵庫ニ到著種々申立之ケ條有之自幕府奏上之趣　朝議之上御治定之旨趣今日諸臣江被示觸之狀如左云々

一自一橋已下申立一番

此程不計外國船兵庫港江渡來條約之儀改而

敕許有之候樣申立若幕府ニ於テ取計兼候ハ、彼

闕下江罷出直ニ可申上旨申張種々力ヲ盡シ應接仕來ル七日迄ハ爲

相扣候得共何レニモ

御許容無之候而ハ退帆不仕去迚無謀ニ干戈ヲ動シ候得ハ必勝ノ利無覺束縱令一時ハ勝筭有之候共西洋万國ヲ敵ニ引受候時ハ幕府

之存亡ハ姑ク差置終ニハ

寶祚之御安危ニモ拘リ萬民塗炭之苦ヲ受可申實以不容易儀ニテ

陛下萬民ヲ覆育被遊候御仁德ニモ相戾リ假ニモ治國安民之任ヲ荷

ス職務ニ於テ如何樣
御沙汰御座候共施行仕候儀何分ニモ難忍奉存候間右之處篤ト
思召被爲分早々
勅許被成下候樣仕度左候得ハ如何樣ニモ盡力仕外國船退帆仕候樣
取計可申奉存候

十月五日

小笠原壹岐守
松平越中守
松平肥後守
一橋中納言

飛鳥井中納言殿
野宮中納言殿

右一番

一此度兵庫江異船渡來ニ付昨四日大樹ヨリ一橋中納言松平――松平―

一小笠原――等ヲ以テ段々遮而言上ノ次第有之徹夜到今晩追々議論
今日諸藩士ヲモ被爲召御諮問之處十ニ八九御許容ニテモ可然旨衆議
暗合誠不被爲得止別帋之通被
仰出候事
右一帋
一勅書被爲在候事
一條約之儀
御許容被爲在候間至急之處置可致事
大　樹　江
別帋之通被
仰出候ニ付而ハ是迄ノ條約面品々不都合之廉有之不應
叡慮候ニ付新ニ取調相伺可申諸藩衆評之上御取極可相成事
右一帋

今日依召參　朝候處別帋之通於鷺間代二位宰相中將加勢右衞門督列座被申渡候　敕書之處ハ御勝手ニ御參之節御拜見可給候且演說之次第有之候間御拜見之節御尋問御趣意被爲在候御方御申上可然旨同卿被示候事

十三日甲辰晴

新朔平門院御正忌御法會通房參向御修覆中於護摩堂被行

著座公卿

綾小路按察使　中院中納言　今城宰相中將

散華殿上八

基佑朝臣　爲遂　源常典

奉行　豐房朝臣

十一月

十五日丙子晴　大原野祭自當年御再興云云

上卿　辨　奉行

十八日己卯晴時々飛雪

新嘗祭行幸如例云々通房小忌辨參仕束帶尋常丑刻半事終退出

小忌中　有容卿　參　通卿　辨通房

侍從　公　次將左中　少 右中　少

留守　資生　少納言　宣足朝臣

奉行　勝長朝臣

十九日庚辰晴時々飛雪

豐明節會　通房參仕小忌半臂 巡房帶　練平絹黑染裏 青絹裳同絹同 色裏同忘絹又同　魚袋 紫皮　冠日陰蔓同糸 心葉

子刻過事終退出

廿四日乙酉晴

賀茂臨時祭

使
舞人
陪従

十二月

廿一日壬子飛雪紛々　内侍所臨時御神楽云々

廿七日戊午晴　學習院出精之輩今日御褒詞有賜通房出精ニ付有賜高金七百疋云々畏（マヽ）候也

正月

九日甲子晴　新帝践祚云々

十日乙丑晴　今夜御入棺御中殿云々自今觸穢

十四日己巳晴

申斜　坊城拾遺爲　御使入來卽時面謁衣冠攝政殿御命之趣以一帋被
傳
是迄　思食有之差扣被　仰付置屹度可被及　御沙汰處就今度御凶
事以格別之御憐愍被　免差扣候後后堅固改心可有之自今本番所參
勤之事攝政殿被命候事畏御請之由言上
出仕衣冠奴袴供廝上下參　朝差扣被　免御礼申上議奏廣橋亞相承諾以表使可申
立者表使申上如例且今度御凶事伺　御機嫌又踐祚恐悦申上　先帝御
靈前御燒香之事申願可爲勝手云々於御本所萬杉戸外卷纓御燒香悲歎無極者
之於番所示談之後退　朝御礼廻勤如左
准后表使　陽明諸大夫　攝政殿取次　廣橋議奏當番　坊城侍從御使謝勞畢
歸宅亥刻中
廿七日壬午晴自黃昏陰天微雨終夜道路不及泥
大行天皇今夜御葬送于泉涌寺爲御見送申刻前參　朝垂纓開陣之儀畢卷纓於月

花門外南方御見送酉刻御出車了卽刻退出
今夜通房供奉衣冠單尋常但卷纓竹杖藁沓白張黃單両人召具丑刻前供奉之儀畢歸宅寅刻

二月

十六日庚子晴　般舟院參向
今日御謚號　宣下被立　山陵使云々
長官　鷹司大納言　次官公允朝臣
孝明天皇

三月

十八日壬申陰雨
午過依召參　朝新大納言傳　宣
孝明天皇御百ヶ日御引上來月五日六日被仰出萬端如弘化度可存知旨

之謹奉　奉行藏人辨面會申沙汰付之旨被屆了
議卿別段任幸便被達旨自今御代香之人玄關平付可有之爲心得被示聞
了予申云於寺門取扱是迄通ニ宜哉尋問之處院主出迎有之候ハヽ是迄
之通可然旨

四月

六日己丑降雨夕晴參　般舟院衣冠奴袴御百ケ日御當日兩役詰以下如例巨
細在御凶事記
　著座公卿
右大臣　權大納言忠　正親町大納言　飛鳥井中納言　三室戸宰相
　散華殿上人
基佑朝臣　惟賢々々　光昭　雅德　大江俊昌　傳奏日野大納言　奉
行俊政

御法會了　無異言上　攝政殿同上了歸宅午後出門予今度加級申望候
事一族所意爲尋問兩三軒行事披露淸閑寺江賴了
小折帋願書躰奉書四ツ折上包
今度以格別之　御憐愍出仕被　仰下候上奉願候モ深恐入候得共
非職年中三箇度昇進家例モ有之候ニ付何卒申上度存候是又以
御憐愍被　聞食候得者深奉畏入候此段宜預御沙汰候也
四月七日　　　　　博　房
頭　辨　殿
小折紙
上包　　　　申
中三年　四十四歳　從四位上
博房　　　從四位下藤原博房
家例　　　一家例

孝房
慶長十六年四月廿一日敍從四位下二十歲
同　年七月三日敍從四位上

共房
慶長十七年正月五日敍從四位下廿四歲
同　年八月一日敍從四位上

敍日

宣順
寬永九年六月五日敍從四位下二十歲
同　年十月二日敍從四位上

博房
文久三年七月三十日敍從四位下四十歲
到今年中三年

八日辛卯晴　參番巳半刻　今日　敕問ニ云申刻　頭辨被招候所被告

宣下

從四位上
宣下候珍重存候仍

從四位下
宣下候旨謹畏奉

早々申入候也恐々　候也恐惶謹言
謹言　四月八日　博房
四月八日　豊房　博房
前右中辨殿　豊房
畏入之旨申入了　差貫著用申御礼先議奏次表使今夜宿直供不廻勤
一族親族吹聽如例
廿七日庚戌晴夕景依　召參　朝加勢治部卿被申渡山陵御用掛更被　仰
下旨也愚昧雖恐懼已前勤仕候儀申御請了柳原島行向右申入了
廿九日壬子晴依　山陵御用參仕午半刻
六月
四日丙戌晴申半刻　自頭辨　宣下被告示

正四位下　　正四位下
宣下候珍重存候仍　宣下候旨謹畏奉
早々申入候也恐々　候也恐惶謹言
謹言
六月四日　豐房　六月四日　博房
夕前右大辨殿　豐房　ヲ　博房
卽刻御礼廻勤一門親族以切帋吹聽如例
禁中議奏表使　准后表使
一條家　陽明家　攝政殿　淸閑寺披露　柳原　葉室
正三條　鷹司家御父子　倉橋議奏加勢當番　九條家　長谷

七月

一日壬子晴夜淸涼　去月廿八日左大將殿妹女御々治定依之參賀　禁中

准后　一條家

二十日辛未晴

明年正月上中旬之内御元服御治定昨日被仰出依之參賀之事被觸　禁中准后等參賀又陽明家參入加級小折帋入御覽　無思召云々

八月

十一日辛卯晴午半刻依召（昨日觸來自武傳）參　朝日野　被申渡今度大樹ヨリ依願近來貢献米十五万俵両度之分以山城國内收納御賄之事御聞濟ニ付諸公事万端下行米夫々取調御用掛被仰付之旨也頭辨藏人辨同被仰下予當時非常侍中職固辞申之處猶懇被申聞候次第有之申御請畢

九月

廿五日乙亥快晴
白銀十枚　勘使所以使入文匣進上落手書來
孝明天皇山陵御築造ニ付諸家一同献備予今日献夕景自近衛殿被召即刻參上之處可有御面會之處少々御所勞氣以諸大夫被告之旨也明後廿七日可被行小除目予藏人頭右大辨可有　宣下爲心得内々御沙汰之旨了不肖身分過分之儀深畏入之旨申上即刻退出

十一月

八日丁巳晴自武傳被招參仕候處議奏加勢被仰下之旨也不肖之身難不堪任御請申上先以表使御礼申上着袴儘小時退出參攝政殿同申御礼了

三十日己卯晴入夜降雨
任大臣　宣下　道孝卿任左大臣（左大將御兼任）家信公轉右大臣忠礼卿任内大臣（右大將御兼任）拜賀一上前駈（通房）推參如例但依亮陰無出立儀云云

解題

吉田常吉

一　万里小路正房・博房について

万里小路家の家格は名家、すなわち文官の家で、蔵人から蔵人頭（頭弁）をへて、参議・中大納言に進む家柄である。家禄は三百九十石余を領し、屋敷は御所の東、中筋南角にあった。血脈によれば勧修寺家に属し、一門に甘露寺・葉室・勧修寺・清閑寺・中御門・坊城・芝山・池尻・梅小路・岡崎・穂波・堤の十二家があり、門流では近衛家に属する。

正房　日記の筆者万里小路正房は享和二年（一八〇二）十二月一日に生れた。父は前権大納言建房、母は前権大納言勧修寺経逸の女。文化六年（一八〇九）二月、八歳で元服、昇殿を許され、文政三年（一八二〇）十月、侍従に任じ、同四年三月、右少弁に任じて以来、同七年五月、蔵人に、天保三年（一八三二）二月、蔵人頭に補され、同九年七月、三十七歳で参議に任ぜられたとき、左大弁を兼ね、ついで同十二年十二月、右衛門督を兼ねた。

正房の日記は、参議・右衛門督在任中の弘化三年（一八四六）正月より九月に至るものである。父の建房は同年九月十四日、六十七歳で歿した。その後、正房は嘉永元年（一八四八）五月、権中納言に任じ、安政四年（一八五七）五月、権大納言に進み、翌五年九月、これを辞した。

この間、正房は議奏加勢に補されること二回、すなわち、嘉永元年二月二十七日より翌二年正月十四日まで、同五年十一月二十日より翌六年正月五日まで、その任にあった。ついで同六年十二月十九日、議奏に補され、安政五年五月一日、議奏から武家伝奏に転じ、翌六年正月十七日、これを辞した。すなわち、ペリー来航以来の、ついで条約調印問題・安政の大獄による朝幕間が一挙に険悪化した時世に、議奏あるいは武家伝奏の要職にあって、朝議に参画し、あるいは朝幕間の斡旋に従事した。正房が権大納言を辞し、ついで武家伝奏を辞したのも、その職掌がら、公武間の隔絶を憂えておこなった処置が明らかとなって、辞退したのであった。しかも幕府の内奏によって、安政六年二月十七日、三十日の慎に処せられ、同年十月二十二日、五十八歳で歿した。

博房　博房は正房の子息として、文政七年（一八二四）六月二十五日に生れた。ときに正房二十三歳、母は非参議藤波寛忠の女である。天保四年（一八三三）三月、十歳で元服、昇殿を許され、嘉永四年（一八五一）十二月、侍従に任じ、安政四年（一八五七）五月、右少弁に任じ、蔵人に補されて以来、慶応三年（一八六七）九月、右大弁に任じ、蔵人頭に補され、十一月に四十四歳で参議に任じ、明治元年（一八六八）二月、権中納言に進んだ。

この間、博房は文久二年（一八六二）十二月九日、国事御用掛の設置とともにこれに補され、翌三年八月一日、国事参政に転じ、急進派の堂上として活躍したが、八月十八日の政変で朝議が一変し、国事参政・国事寄人は廃され、博房は参内・他行・他人面会を禁ぜられ、二十四日差控を命ぜられた。その後、孝明天皇崩御による大赦によって、慶応三年正月十五日、差控を免ぜられた。同年十一月八日、議奏加勢に補されたが、いくばくもなく十二月九日の王政復古によって、議奏加勢は廃された。

博房は新政府の成立とともに参与に任じ、明治元年二月、議定に進み、京都裁判所総督を兼ね、爾来会計官知事兼山陵総督・宮内卿などを歴任、明治十年八月、宮内大輔より皇太后大夫に転じ、同十七年二月二十二日、六十一歳で歿した。

二　日記について

本書は万里小路正房・博房父子二代にわたる日記であるが、闕如した年代がかなりあり、また月日も欠けるところがあって、一貫した日記とは云い難い。左に収載の年代を掲げる。

一　弘化三年正月廿五日――二月十四日

二　同　年二月十五日――五月十六日
三　同　年閏五月十日――七月廿三日
同　同　年七月一日　――九月三日
四　同　四年正月元日　――十二月卅日
五　嘉永元年正月元日　――十月卅日
六　同　年十一月一日――十二月廿九日
七　同　四年正月元日　――十二月廿九日
同　和気清麻呂神号神階宣下始末（同年三月十五日）
八　嘉永五年正月元日　――十二月廿九日
九　同　六年正月元日　――十二月卅日
同　女御ノ方准后宣下ノ件（同年五月七日）
十　文久三年正月元日　――十二月卅日
同　文久三年癸亥雑誌（正月元日――七月五日）
十一　元治元年正月元日　――十二月廿九日
十二　慶応元年正月十六日――十二月廿七日

同　同　三年正月九日　——十一月卅日

右の内、一巻から三巻までが正房、四巻から十二巻までが博房の日記である。日記の内容は巻頭の目録で明らかなように、いずれも朝儀に関するものが主を占め、これについで万里小路家、あるいは一門・親族に関する記事が散見する。したがって朝議、すなわち政治向きに関する記事に欠けて、日記ではそれを窺い知ることのできぬ憾みがある。

正房の日記　正房の日記は弘化三年中のものに限られ、前述したように、正房が議奏、ついで武家伝奏として朝政に参画した嘉永六年十二月以降の日記はない。博房の日記、嘉永六年十二月十九日の条に、父が議奏に補せられたことは載っているが（三八六頁）、博房の日記は嘉永六年十二月から文久三年正月にとんで、その間の記事を欠いていて、正房がもっとも活躍した安政四・五年のことは、日記のうえで明らかにすることができない。弘化三年中の日記は、正房参議時代のことでもあり、また正房は伝聞などを記さないので、朝儀は別として、朝議に関する重大な記事を期待することのできないのは、むしろ当然である。

正房の日記に家君・厳君と見えるのは、六十七歳の父、前権大納言建房のことである。建房は弘化三年八月二十六日、先年来の中風が悪化し、発熱して痰喘が強く、ついに重態に陥ったので、武家伝奏徳大寺実堅・坊城俊明に烏犀円の拝受を願い出て、翌二十七日所司代酒井忠義の役宅で棗に入った烏犀円を受領している（八一―三頁）。この解熱剤の漢方薬は、宮中の典薬寮にはないものかどうか知らないが、所司代の役宅で受領しており、これで武家伝奏に願い出た理由がわかる。建房が重態に陥る前日の八月二十五日、正房は己れの家が属する摂家の近衛家（内大臣忠凞）に参上し、父の極位を願い出た例書を示し（八一頁）、その許可を得て、九月一日、これを職事方に差し出した。例書の書式は同日の条に見える（八四―五頁）。かくて建房は九月十三日、正二位から従一位に進み、翌十四日に歿するが、正房の日記は九月三日で終っていて、これらの記事はない。

博房の日記　翌弘化四年以降から、正房の子息の博房の日記となる。ときに博房二十四歳、正五位下に叙されていた。父の日記の二巻および三巻の各表紙（二六―七頁・六二―三頁）に、それぞれ「朝議大夫藤博房」「朝議大夫（花押）」とあるのは、博房が五位に叙されていたからで、父の日記を整理したとき記したのであろう。

博房の日記も父の日記と同様に朝儀に詳しいが、かかる記事の中で、弘化・嘉永年中の日記には、弘化四年三月九日の学習所（のち学習院）の開筵の記事（九四頁）を最初として、記事は簡単であるが、毎月九の日の講書のことがほとんど一貫して見える。経書の講師は寺島丹後介・牧善輔・大沢雅五郎・中沼了三・岡田六蔵であった。嘉永元年二月十四日の学習院講釈始の記事に、聴衆にて難解の章があれば、随意質問あるべきこと、質問は講席において遠慮なく講師の前に到ってなすべきこと、その説に信服する者あれば、他日その講師の塾について随意学問あるべきこと、との達が見え（一五七頁）、堂上廷臣の講学の奨励には、朝廷がかなり積極的であったことが知られる。嘉永四年二月二十六日以降は、毎月二十六日に「日本書紀」の会読が行われている（二三五頁、以下略）。学習院に国書の会読が加えられたのは、嘉永二年二月からで、博房の日記は同二・三年の記事を欠く。

博房は学問に出精したとみえ、学習院創立後始めての課式褒賞が嘉永元年十二月二十三日に行われたとき、中課六人、下課十五人が選ばれ、博房は下課を賜わった。ときに懈怠により学習院参入を停止された堂上廷臣が十人（実は十一人）あり、博房はその名を挙げ、その達を載せて、「為後戒記畢、賞罰現然、可慎々々」と己れを戒めている（二一八―二一頁）。博房がその後も学問に出精したことはしばしば日記に見え、たとえば嘉永四年七月十九日の「左伝」の会読、二十六日の「日本書紀」の会読に、それぞれ「予在此内」と記しているのでわかる（二五四頁）。翌五年十二月二十四日の課式褒賞には、博房は准不闕に入っている（三三一―三頁）。

父正房のことは、日記中に厳君として散見する。たとえば嘉永元年四月一日、日光奉幣使として出立し（一六五頁）、六日加納駅から（一六七頁）、二十三日壬生駅から（一六九頁）、二十八日見付駅から（一七一頁）それぞれ書状が達し、翌二十九日無事帰着している（一七一頁）。正房は同年五月十八日、小除目で権中納言に任じ（一七四頁）、二十三日の奏慶の記事は詳しい（一七六―九頁）。前述したように、正房が議奏に補せられたことは日記に載っているが、三回におよぶ議奏加勢補免の記事はない。
博房は嘉永四年十二月二十四日、侍従に任ぜられ（二七一―二頁）、翌五年正月二十二日、右大臣近衛忠凞へ歌道入門し、誓紙と詠草を呈上した。その体裁が記されており、「寄道祝」と題した和歌は「あきらけき君か御代とてことさらに、ささへさかふるしきしまの道」「千早振神よのままにつたへきて、いやさかへゆくことのはの道」であった（二八三―四頁）。同年十二月二十八日、博房はまた飛鳥井・難波両家へ鞠道入門している。父正房が同伴すべきところ、参朝のため、博房独り赴いたが、親族の六条有義が同じく入門するので、父の有容卿が同伴し、博房は幸いと記している。両家の親族関係は、同四年十一月二十八日、博房の妹の正子が有義に嫁したからである（二六九頁）。入門につき、両家に贈った太刀・馬代の書式が日記に見える（三三三―五頁）。以後、日記に両家における蹴鞠稽古の記事が散見し、嘉永六年十二月十七日、紫鞠袴を免許されている（三八六頁）。
博房の子息在房は弘化三年七月二十八日の誕生（母は三日月藩主森長義の女）であるが、正房の日記にはその記事がない。翌四年十二月十六日、博房は在房の叙爵を申し望み、一族七家の所存を尋ね、近衛家に参上し、例書を閲覧に供して許しを得、翌十七日在房は従五位下に叙せられた（一四〇―二頁）。これにつき正房・博房父子は翌嘉永元年四月二日、家伝注進を頭弁坊城俊克に依頼している（一六六―七頁）。ついで六月七日の条に聴丸卒去の記事が見える（一八〇―二頁）。嫡男とあるので、在房の歿したことが知られる。これに先だって五月二十七日の条に「今未刻次男平産、幸甚々々」とあり（一七九頁）、これが通房である。

右が博房の前半の日記、すなわち弘化・嘉永年中の朝儀以外の主な内容である。嘉永六年六月、米国使節ペリーが来航して天下が騒然となったが、同年後半の日記にそのような気配は少しも見えない。

後半の日記は国事が紛糾した文久三年に始まり、元治・慶応年中のものである。文久三年、博房四十歳、前年の暮に国事御用掛に補され、この年の五月二十九日、右中弁に転じ、右衛門権佐・検非違使を兼ねた。さすが時勢を反映して、文久三年の日記には、将軍徳川家茂以下、後見職一橋慶喜・京都守護職松平容保および諸侯参内の記事が目だつ（三九三・三九五・三九八頁）。しかし二月十一日の条に「公務多端、不遑書記」とあるように（三九七頁）、記事はいたって簡単で、欠失の月日も少なくない。その点では「文久三年癸亥雑誌」中に見える、四月二日の家茂の参内（四三五頁）、二月九日の尾州藩主徳川茂徳・熊本藩主細川慶順の参内（四三三―四頁）の記事は多少詳しいが、これも朝儀のうえの記事である。この雑誌中の七月一日の条に、博房の権右中弁転任の祝として、丹波篠村の隅田左京から金百疋到来したとある（四四〇頁）。万里小路家の所領は丹波篠村にあったのであろうか。姑く記して後考を俟つ。

博房は八月一日、国事御用掛から国事参政に転じたが（四〇三頁）、十八日に政変が起こった。これにつき同日の条には「省中騒乱、不暇書記」とあるのみで（四〇四頁）、かえって切迫した情勢が知られる。そして二十四日、一門の宮内卿池尻胤房が使者として入来し、博房に差控を伝宣するのである。ただし通房は進退に及ばずとのことであった（四〇四―五頁）。このために十月二十二日の父の忌日に墓参できず、博房は「遺恨無限」と慨嘆したのであった（四一一頁）。この前後、十六歳になった通房の行動の記事が目だつ。

差控中のこともあって、元治元年の日記はさらに簡略になる。二月二十八日、三日月藩主森俊滋（伊豆守）が入来し、万里小路家から参内しているが（四五一頁）、博房の夫人が森家の出のためである。長州勢屯集の記事は六月二十七日の条（四六一頁）・八月十八日の条（四六三頁）に見え、ついで十九日の禁門の変の記事はやや詳しい。通房は前夜より参内し、博房ら家族の者は兵火を避けて一乗寺村の円光寺に移ったが、幸い屋敷は火兵を免れ、翌日博房は家に帰り、母堂ら婦女は八月一日に戻り、無事を賀した（四六三―四頁）。

慶応年中の日記は二年を欠き、元年・三年のものも欠失がひどい。慶応元年正月三十日、通房は禁門の変の際の精勤を賞され、幕府進献の金三十両を受領している（四八一頁）。やや詳しい記事は、十月五日の条約勅許の記事で、六日の条に見える（四八六―九頁）。

慶応三年正月十四日の条に、一門の侍従坊城俊章が使者として入来し、博房に差控を免ずる旨の朝命を伝える記事がある。二年半に及ぶ差控はようやく解け、博房は参内して御礼を言上し、先帝孝明天皇の霊前に焼香し、「悲歎無極者也」と記している（四九一―二頁）。以後、博房参内の記事が見えるが、欠失の部分が多い。四月七日、博房は加級を申し望んで、翌八日従四位上に叙せられ（四九五―七頁）、二十七日には山陵御用掛に更任され（四九七頁）、六月四日、正四位下に叙せられ（四九七―八頁）、十一月八日、武家伝奏より議奏加勢を仰せ下された（五〇〇頁）。

右は正房・博房父子の日記中、朝儀を除いた記事の概要である。朝儀は巻頭の目録を参照されたい。

萬里小路日記

日本史籍協會叢書 179

大正 九 年十二月二十五日發行
昭和四十九年 六 月 十 日覆刻

編 者 日本史籍協會
代表者 森谷秀亮
東京都三鷹市大澤二丁目十五番十六號

發行者 財團法人 東京大學出版會
代表者 福武 直
一一三 東京都文京區本郷七丁目三番一號
振替東京五九九六四電話(八一一)八八一四

印刷・株式會社 平 文 社
本文用紙・北越製紙株式會社
クロス・日本クロス工業株式會社
製函・株式會社 光陽紙器製作所
製本・有限會社 新 榮 社

日本史籍協会叢書 179
万里小路日記（オンデマンド版）

Digital Publishing

2015年1月15日 発行

編　者	日本史籍協会
発行所	一般財団法人　東京大学出版会
	代表者　渡辺　浩
	〒153-0041　東京都目黒区駒場4-5-29
	TEL　03-6407-1069　FAX　03-6407-1991
	URL　http://www.utp.or.jp
印刷・製本	株式会社 デジタルパブリッシングサービス
	TEL　03-5225-6061
	URL　http://www.d-pub.co.jp/

AJ078

ISBN978-4-13-009479-5　Printed in Japan